만한합벽삼국지

譯註 宋康鎬

만주어 삼국지와의 인연

지금으로부터 약 10여 년 전의 일이다. 하루는 서울시내 와룡동 일대에서 비원쪽으로 걸어가고 있었는데, 비원 앞 가까이 이르자 서점 비슷한 것이 하나 보였다. 막다른 곳이라 무심코 발걸음을 돌리려는 순간, 그곳에서 알 수 없는 기운이 흘러나와 나를 잡아당기는 기분이 들었다. 마치 무엇에 홀린 것처럼 나는 서점 안으로 빨려 들어갔다. 그런 곳에 서점이 있었다는 것도 이상했지만 간판도 여느 서점과 달리 <알타이하우스>라는 다소 특이한 서점이었다. 여하간 그 바람에 서점 안에서 책을 구경하게 되었는데 놀랍게도 처음 방문한 나에게 사장님되시는 분이 만주어 삼국지 이야기를 꺼내는 것이 아닌가? 마치 만주어 삼국지가 나를 기다리고 있었던 것 같았다. 삼국지를 좋아하던 나로서는 만주어로 된 삼국지도 읽을 수 있으면 좋겠다고 생각하던 차였기에 그 기쁨과 놀라움은 이루 말할 수 없었다.

국립중앙도서관에서 만한합벽삼국지를 잔권 형태로 확인한 것 역시 퍽 오래되었다. 그러나 그때만 하더라도 삼국지의 여러 판본 가운데 하나로 인식하고 있었을 뿐 만주어로 접근할 기회가 없었다. 그동안 만주어를 배워보려고 도서관에서 복사한 『청문계몽』을 펼쳐놓고, 꿈에서라도 획순을 따라 익혀보려고 했지만, 발음은 혼자 힘만으로는 해결하기 어려웠다. 만주어 학습의 기회가 없을까 하고 고심하던 중 알타이어학 전공인 박상규 교수님과 『기초만한사전』을 펴낸 김득황 박사님 그리고 북경대학교 조걸 교수님을 알게 되었다. 그러나 만주어 학습에 결정적인 전기를 마련하게 된 것은 만주학회와의 만남이었다. 만주학회를 통해서 만주어 강좌가 있다는 것을 알게 되었고, 동북아역사재단 노기식 선생님의 친절한 안내로 만문사료연구 강독에 참여하게 되었다. 만문사료연구에 참석해보니 동양사 전공의 교수님과 대학원생들이 만문사료를 강독하고 있었는데, 그곳에는 뜻밖에도 서울대 언어학과 명예교수로 계신 성백인 선생님께서 지도교수의 자격으로 나오고 계셨다. 한국의 대표적인 만주어 학자를 모시고 만주어를 배우게 되어 그 기쁨은 두 배나 되었다.

이밖에도 도움을 주신 분들이 많은데, 특히 멀리 프랑스에서 콜레주 드 프랑스(Collège de France) 소장 필사본 『청문삼국지』를 직접 촬영해주신 동방그리스도교의 세계적인 석학 이수민 박사님의 후의는 깊은 감동이었다. 만주어의 중요성을 일깨워주신 김용옥 선생님,

역사비교언어학에 대한 흥미로운 강의를 들려주신 고대 페르시아어의 배철현 선생님께도 감사드린다. 또 귀중한 자료의 영인을 허락해주신 국립중앙도서관과 본서의 출간을 위해 노력해주신 윤석원 대표님을 비롯한 출판사 여러분들의 노고에도 감사드린다. 만문삼국지 만한합벽본의 한국어 번역은 처음 시도하는 작업이라서 여러 모로 부족한 점이 많을 것으로 생각한다. 사계 전문가와 선생님들의 질정을 바라마지 않는다.

2010년 3월 5일

宋 康 鎬

6 만한합벽삼국지

목차

서문 3

만주어, 삼국지와의 인연

범례(凡例) 8

논문 9

滿文三國志의 版本과 翻譯 硏究 _11
- 국립중앙도서관 소장본을 중심으로 -

목차

본문 번역 41

권2 목차 _43

권2-1회(총11회) 번역 _47

권2-3회(총13회) 번역 _87

권2-4회(총14회) 번역 _145

영인원문 169

범례(凡例)

1. 본서는 한국의 국립중앙도서관에 소장되어 있는 만한합벽삼국지 권2(1책)를 번역한 것이다.
2. 만문의 로마자 전사(轉寫)는 묄렌도르프(P.G.von Möllendorff) 방식에 준해서 표기하였으며, 만문의 구두점(句讀點)은 [.]과 [..]로 표기하였다.
3. 본문은 만문(滿文), 의역(意譯), 한문(漢文)을 차례로 수록하였으며, 행간번역(行間飜譯) 부분은 만문과 한문을 순서대로 배열하였다.
4. 본문의 한문은 심백준(沈伯俊) 교주(校注) 정리본(整理本)인 명대 가정 임오본 『三國志通俗演義』(文匯出版社, 2008)와 이탁오본 『三國演義』(黃山書社, 1991)를 참고하였다.
5. 본문의 페이지[頁]는 원본의 판심(版心)에 매겨진 번호를 따랐고, 앞뒤를 a, b로 표시하였으며, 해당 페이지가 끝나는 부분에 넣어 구분하였다.
    예) 5쪽 앞장→[5a], 45쪽 뒷장→[45b]
6. 국립중앙도서관본의 내용 가운데 일부 누락된 부분은 만한합벽본 중문자료센터(CMC) 영인본을 참고하여 [ ] 안에 보완하였다.
7. 본문과 영인 원문의 대조를 위해 영인 자료에 제책된 좌철(左綴) 순서, 본문 페이지 앞뒷장, 국립중앙도서관 DB의 순서로 번호를 매겼다.
    예) 15-7a-DB32.

논문

滿文三國志의 版本과 翻譯 硏究

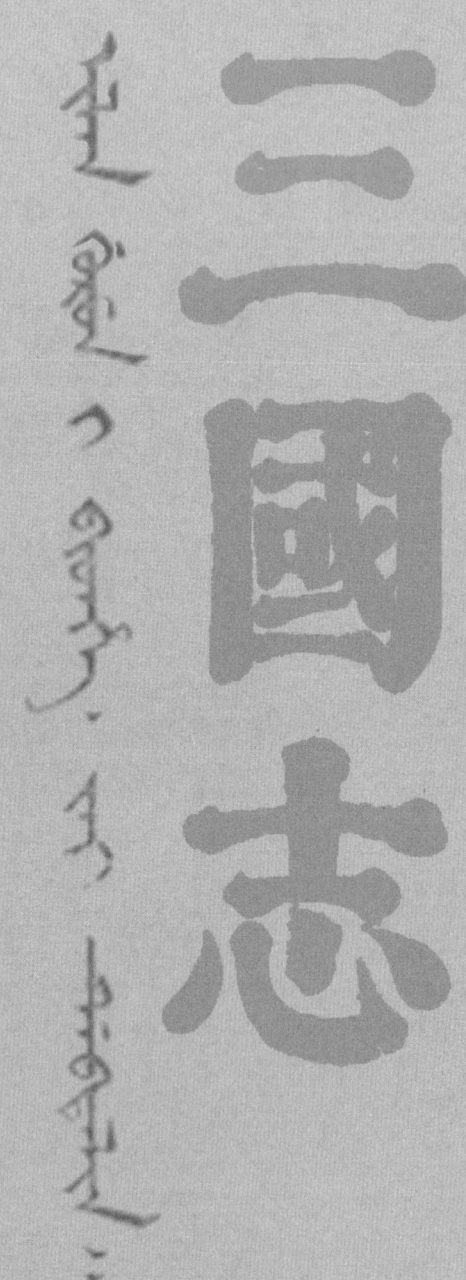

만한합벽삼국지

滿文三國志의 版本과 飜譯 硏究
- 국립중앙도서관 소장본을 중심으로 -

宋康鎬

1. 서론

중국 사대기서(四大奇書)의 하나인 『삼국지연의(三國志演義)』는 한국에 전래된 이래 폭넓게 수용되었다.[1] 『조선왕조실록(朝鮮王朝實錄)』 선조 2년(1569), 기대승(奇大升, 1527-1572)의 상계(上啓)에 보이는 『삼국지연의』에 대한 언급[2]과 명대(明代) 주왈교본(周曰校本)

---

1 『三國志演義』에 대한 국내의 연구와 관심은 李慶善, 『三國志演義의 比較文學的硏究』, 一志社, 1976 ; 崔溶澈・朴在淵 輯錄, 「韓國所見中國通俗小說書目」, 『中國小說繪模本』, 강원대출판부, 1993 ; 李鎭國, 『三國演義毛評의 敍事理論硏究』, 서울대 박사논문, 1994 ; 『삼국지연의의 학술적 분석』, 한국학중앙연구원, 1998 ; 鄭元基, 『최근 삼국지연의 연구동향』, 중문출판사, 1998 ; 全寅初・洪淳孝・吳洙亨 외, 『삼국연의 역사기행』, 학고재, 2000 ; 朴在淵 校註, 『삼국지통속연의』, 이회문화사, 2001 ; 金文京, 『삼국지의 영광』, 사계절, 2002 ; 『삼국지연의 한국어번역과 서사변용』, 인하대학교출판부, 2007 ; 閔寬東, 「『三國演義』의 國內流入과 版本硏究」, 『중국고전소설의 전파와 수용』, 아세아문화사, 2007 등 다양하게 이루어졌다.
2 宣祖 2年(1569) 壬辰(6月20日)條, "20일(임진) 상이 문정전 석강에 나아갔다. 『근사록(近思錄)』제2권을 진강하였다. 기대승이 나아가 아뢰기를, 지난번 장필무(張弼武)를 인견하실 때 전교하기를 '장비(張飛)의 고함에 만군(萬軍)이 달아났다고 한 말은 정사(正史)에는 보이지 아니하는데, 『삼국지연의(三國志衍義)』에 있다고 들었다.' 하였습니다. 이 책이 나온 지가 오래 되지 아니하여 소신은 아직 보지 못하였으나 간혹 친구에게 들으니 허망하고 터무니 없는 말이 매우 많다고 하였습니다." 『선조실록(宣祖昭敬大王實錄卷之三)』, 민족문화추진회, 1987, 154쪽.

『신간교정고본대자음석삼국지전통속연의(新刊校正古本大字音釋三國志傳通俗演義)』의 탐라(耽羅) 번각본(飜刻本)3 등으로 미루어 전래된 시기가 상당히 오래되었음을 알 수 있다.

또 원대(元代)의 『삼국지평화(三國志平話)』4같은 책도 중국어[漢語] 회화서인 『노걸대(老乞大)』5에 등장하고 있어서 중국에서 간행되었던 삼국 관련 도서가 일찍부터 한국에 전래되었을 가능성이 높다는 것을 알 수 있다. 본고에서는 『삼국지연의』의 판본 가운데 청대(淸代)에 나온 만문삼국지(滿文三國志)에 대해 한국의 국립중앙도서관 소장본을 중심으로 판본과 번역상의 특징에 대해 살펴보고자 한다.

---

3 朴在淵, 「朝鮮刻本『新刊校正古本大字音釋三國志傳通俗演義』에 대하여」, 『新刊校正古本大字音釋三國志傳通俗演義』上下, 학고방, 2009 ; 李謙魯 藏 "新刊校正古本大字音釋三國志傳通俗演義(4-702). 木版. [晉平陽侯陳壽史傳, 後學羅本貫中編次, 明書林周曰校梓行-필자 보충], 壬亂以前刊, 卷12, 1冊. 四周雙邊, 半郭21.1X17cm. 有界. 半葉13行24字, 注雙行. 內向1葉花紋魚尾. 29.9X21.8cm. 線裝. 版心題: 三國演義. 刊記: 歲在丁卯(?)耽羅開刊. 紙質: 楮紙." 『山氣文庫目錄』, 『韓國典籍綜合目錄』第1輯, 國學資料保存會, 1974, 256쪽. 現 국립제주박물관 소장, 기증일자 2003년 4월 24일. 문의에 성실하게 응해주신 학예실 장제근 선생님께 감사드린다.
4 『三國志平話』 관련 국내 논저로는 洪淳孝, 「三國志平話의 構造와 文體」, 『論文集』7卷2號, 충남대학교 인문과학연구소, 1980 ; 鄭元基 譯註, 『三國志平話』, 청양, 2000 등이 있다.
5 『元代漢語本《老乞大》』에는 '三國志評話'로 송기중 해제 규장각본 『老乞大諺解』에는 '三國誌評話'라는 서명으로 나온다. '舊本老乞大'에 대해서는 정광·남권희·梁伍鎭, 「元代漢語《舊本老乞大》-新發掘譯學書資料《舊本老乞大》」, 『元代漢語本《老乞大》』, 경북대학교출판부, 2000 참고.

『삼국지연의』의 한국 전래

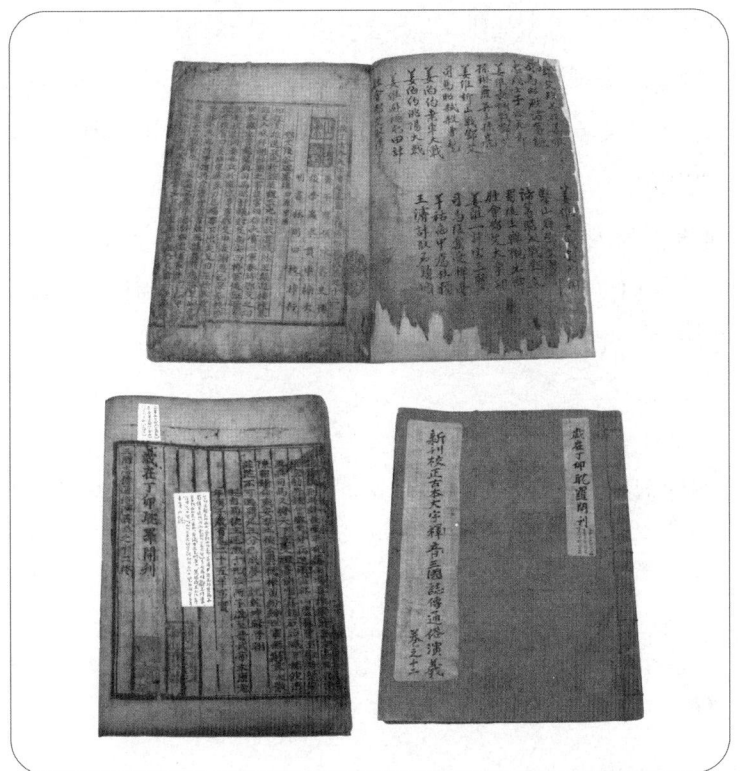

〈그림 1〉『新刊校正古本大字音釋三國志傳通俗演義』卷12
(국립제주박물관 소장 山氣 李謙魯 寄贈本)

2. 만문삼국지의 판본

　청대 만주족(滿洲族)은 다수의 한적(漢籍)을 만문으로 번역하였는데,『삼국지(三國志)』도 이 같은 작업의 성과 가운데 하나였다. 청조

(淸朝)는 1644년 입관(入關)하면서 만주어를 문화어(文化語)로 발전시키려는 계획을 세웠는데, 그중 중국의 고전(古典)을 만주어로 번역하는 작업을 통해서, 만주어를 한어(漢語)와 대등한 문화어로 격상시키려는 언어정책을 펼쳤다. 그 결과 1650년대에는 이미 방대한 양의 고전 번역이 이루어졌다.6

청대 문헌에 나타난『삼국지』번역 관련 기록으로는『만문노당(滿文老檔)』천총(天總) 6년(1632) 7월 14일조 다하이[達海] 박시(baksi)의 번역 기사를 비롯해서 다음과 같은 기록들이 있다.

> 한문을 만문으로 번역하여 모두 완성한 것은『만보전서(萬寶全書)』, 형부(刑部)의 [原檔殘缺] 소서(素書),『삼략(三略)』이고, 또 완전치 못한 것으로『통감(通鑑)』,『육도(六韜)』,『맹자(孟子)』,『삼국지(三國志)』,『대승경(大乘經)』번역을 하였다.7

> 순치 7년 정월, 청문(淸文)『삼국연의』를 반포 간행하였다.《東華錄》(章學誠,『張氏遺書外篇』卷一)8

> 순치 7년 정월, 청자(淸字)『삼국연의』를 반포 간행하였다.(俞正燮,『癸巳存稿』)9

이밖에도 숭덕(崇德, 1636-1643)초에 문황제(文皇帝)10가 문성공(文

---
6 성백인,「청조의 청문감 편찬」,『새국어생활』제9권 제1호, 1999, 145쪽.
7 滿文老檔研究會 譯註,『滿文老檔』V 太宗2, 東洋文庫, 1961.
8 朱一玄・劉毓忱,『三國演義資料彙編』, 天津, 南開大學校, 2005, 599쪽.
9 朱一玄・劉毓忱, 앞의 책, 606쪽.
10 淸太宗과『三國志演義』에 대해서는 盛瑞裕,「愛新覺羅氏與三國演義」,『三國演義與中國文化』, 1992 ; 陳捷先,「努爾哈齊與『三國演義』」,『淸史論集』, 民

成公) 다하이에게 명하여『삼국지』를 번역하게 했다는 기록이 소련(昭槤)의『소정속록(嘯亭續錄)』에 그리고 번역이 완성되어 대학사 문숙공(文肅公) 범문정(范文程) 등이 상을 받았다는 기록이 진강기(陳康祺)의『연하향좌록(燕下鄕脞錄)』과 위원(魏源)의『성무기(聖武記)』에 전한다.

『삼국지』를 뜻하는「ilan gurun i bithe」라는 서명으로 번역된 만문삼국지에는 진수(陳壽)의『삼국지』와 나관중(羅貫中)의『삼국지연의』가 있는데, 정사(正史)『삼국지』는 이덕계(李德啓)의『만문서적연합목록(滿文書籍聯合目錄 Manju bithe cagan i fiyelen i ton)』(1933)[11]에 의하면 북경(北京)의 고궁박물원(故宮博物院)에 일부가 전한다. 다음은 목록에 기재되어 있는 내용이다.

922.3
三國志; 滿文[故, 殘]
ilan gurun i bitxe
晉陳壽撰 存十四冊 鈔本
存 魏志 卷八之 10, 卷九之 7, 8, 卷十之 1,
　　　　卷十一之 1, 5, 6, 9, 卷十二之 7,
　　蜀志 卷二之 2, 10, 卷三之 5-7.

『삼국지연의』는 만문으로만 간행된 만문본(滿文本)과 만문과 한문(漢文)이 병기(倂記)되어 간행된 만한합벽본(滿漢合璧本) 두 종류가 있다.

　　國86, 참고.
11　李德啓의『滿文書籍聯合目錄』은 성백인(現 서울대 언어학과 명예교수) 자료 참고

1) 만문본은 순치 7년(1650)의 각본(刻本)이며, 키충거(祁充格, Kicungge) 등의 봉칙역(奉勅譯)으로 24권 24책으로 완성되었다. 다음은 만문삼국지의 순치 7년 서문이다.

Ilan Gurun i Bithe 서(序)12

　　doro be aliha han i ama wang ni hese . dorgi ilan yamun de wasimbuhengge . ilan gurun i bithe be ubaliyambume arafi folofi selgiye . ere bithei dorgi de . tondo amban . jurgangga saisa . hiyoošungga jui . jalangga hehe i gūnin yabun be tuwaha donjiha de bulekušeci ombi . jai jalingga amban gurun be sartabuha . ehe dasan i gurun be facuhūrabuhangge be targacun obuci ombi . bithe udu muwa bicibe ambula tusangga ba bi . gurun i niyalma wesike wasika . jirgaha joboho giyan be sakini sehe ..

　　dorgi kooli selgiyere yamun i aliha bithei da kicungge se gingguleme wesimburengge . be . doro be aliha han i ama wang ni hese be gingguleme alifi . ilan gurun i bithe be acabume tuwaha ashan i bithei da cabuhai . sunahai . itu . hūri . cingtai . laigun . hede .. ubaliyambume araha ejeku hafan nengtu . yecengge se . gingguleme araha ejeku hafan kengtei se . taciha hafan korkodai sei emgi gingguleme arafi orin duin debtelin . ninggun dobton obuha .. geren de selgiyere jalin gingguleme wesimbuhe .. uheri tuwaha aliha bithei da kicungge fan wen ceng baksi . garin baksi fung cuwan . hūng ceng cio . ning wan o . sung cuwan ..

　　ijishūn dasan i nadaci aniya . aniya biyai juwan nadan de gingguleme wesimbuhe ..

12　만문삼국지의 만문 서문은 성백인 소장 파리국립도서관본 No. MANDCHOU 119본의 복사본과 필자 소장의 동 120본 복사본 참고.

섭정왕(攝政王)13 황부(皇父)의 칙지(勅旨), 내삼원(內三院)에 내리신 것, 삼국지(三國志)를 번역하여 간행하라. 이 책의 내용에서 충신(忠臣), 의사(義士), 효자(孝子), 절부(節婦)의 뜻과 행실을 보고 들었을 때에 교훈삼으면 된다. 또 간사한 신하는 나라를 그르쳤다. 나쁜 정치로 나라를 어지럽힌 것을 경계삼으면 된다. 글은 비록 거칠지만 크게 유익한 바가 있다. 나라 백성이 흥하고 쇠하고 편안하고 고생했던 이치를 알게 하고자 하였다.

내홍문원(內弘文院)의 대학사 키충거(kicungge) 등이 삼가 상주하는 것. 저희들은 섭정왕 황부의 칙지를 삼가 받들어, 『삼국지』를 교감한 학사 차부하이(cabuhai)・수나하이(sunahai)・이투(itu)・후리(hūri)・칭타이(cingtai)・라이군(laigun)・허더(hede). 번역한 주사 넝투(nengtu)・여청거(yecengge) 등. 삼가 쓴 주사 컹터이(kengtei) 등. 박사(博士) 코르코다이(korkodai) 등과 함께 삼가 써서, 24권 6함(函)으로 하였습니다. 여러 사람들에게 반포하는 고로 삼가 상주하였습니다. 전체를 감수한 대학사 키충거, 판원청(fan wen ceng) 박시(巴克什), 가린(garin) 박시, 풍추완(fung cuwan), 홍청치오(hūng ceng cio), 닝완오(ning wan o), 숭추완(sung cuwan).

순치 7년 정월 17일에 삼가 상주하였습니다.14

---

13 도르곤(dorgon, 多爾袞, 1612-1650) 누르하치의 14子 和碩睿親王, 叔父攝政王(1644), 皇父攝政王(1648) 封號, 1644년부터 順治 7년(1650)까지 섭정하였다.
14 「皇父攝政旨, 諭內三院：着譯《三國演義》, 刊刻頒行. 此書可以忠臣、義賢、孝子、節婦之懿行爲鑒, 又可以奸臣誤國、惡政亂朝爲戒. 文雖粗糙, 然甚有益處, 應使國人知此興衰安亂之理也. 欽此. 內弘文院大學士祁充格等謹奏：我等恭承皇父攝政王諭旨, 校勘『三國演義』, 學士查布海・索那海・伊圖・霍力・慶泰・來袞・何德. 飜譯, 主事能圖・葉成額等. 恭承繕寫, 主事更泰等 與博士科爾科泰等恭抄, 成二十四冊, 分爲六函, 頒行於衆, 爲此謹奏. 總校：大學士祁充格・范文程 巴克什・剛林巴克什・馮銓・洪承疇・寧完我・宋權. 順治七年正月十七日謹奏.」滿文 序文의 漢譯 부분은 黃潤華・王小虹 譯輯, 「滿文譯本《唐人小說》《聊齋志異》等序言及譯印《三國演義》諭旨」, 『文獻』第16輯, 北京, 1983.

『삼국지연의』 판본 연구가인 영국의 웨스트(魏安, A.West)15와 일본의 키시다(岸田文隆)16에 의하면 이 판본은 파리국립도서관과 북경도서관을 비롯한 여러 도서관에 소장되어 있는 것으로 보고되어 있는데, 참고로 만문의 저본은 명대 가정본으로 알려져 있다.17 이밖에 본고에서는 콜레주 드 프랑스(Collège de France) 소장 필사본 『청문삼국지(淸文三國志)』도 참고하였다.

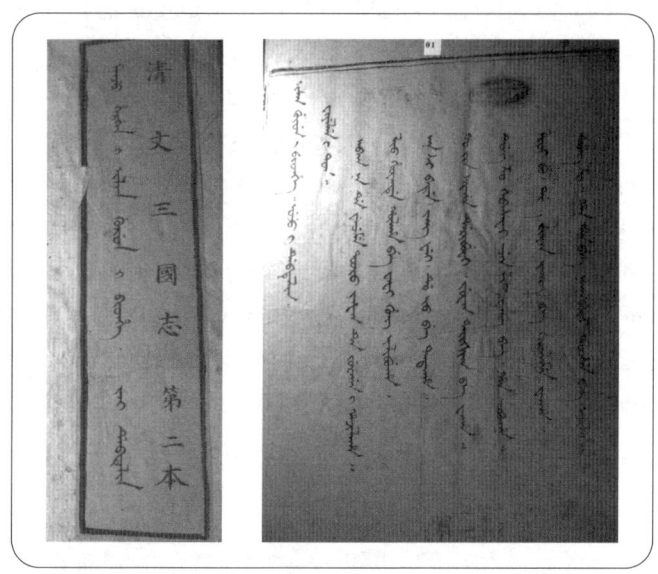

〈그림 2〉『淸文三國志』 第二本 서명과 목차

---

15 魏安,『三國演義版本考』, 上海古籍出版社, 1996.
16 岸田文隆,『「三譯總解」の滿文にあらわれた 特殊語形の來源(《삼역총해》 만문에 나타난 특수어형의 내원)』, 東京外國語大學 國立亞非語言文化硏究所, 1997.
17 順治 7年 刻本 滿文三國志가 만들어졌을 때에, 嘉靖本 이외의 다른 한문판본도 부분적으로 참조되었을 가능성을 암시하는 것도 있다. 岸田文隆,「『三譯總解』 底本考」,『알타이학보』제2호, 한국알타이학회, 1990, 92쪽 주9)참고.

2) 만한합벽본은 청대 옹정(雍正) 연간(1723-1735)의 것으로 추정되고 있는데, 24권 48책으로 완성되었다. 웨스트와 키시다 등에 의하면 만한합벽본은 다음과 같은 판본들이 보고되어 있다.

한국-국립중앙도서관(國立中央圖書館) 소장본
중국-북경(北京) ; 대련(大連) ; 심양(瀋陽) ; 여순(旅順) ; 중앙민족학원(中央民族學院) ; 민족문화궁(民族文化宮) ; 중국사회과학원(中國社會科學院) 소장본
일본-동경대(東京大) ; 경도대(京都大) ; 오사카외대(大阪外大) ; 동양문고(東洋文庫) 소장본
프랑스-파리국립도서관 소장본
영국-케임브리지대학 웨이드 문고[Wade collection] 소장본[18]

  그리고 독일, 러시아, 미국의 소장본 등이 있는데, 영인본(影印本) 가운데 중문자료센터(CMC, San Francisco, 1979)의 『A Manchu Edition of Ilan-gurun-i bithe 滿文本三國誌』[19]도 있다.

....
[18] HERBERT A. GILES, "G 174-181. Translation of the 三國志 San kuo chih History of the Three Kingdoms, A.D. 220-280, by 陳壽 Ch'ên Shou, with Chinese interlinear text. [The first seventy leaves have been supplied in manuscript.] 27cm." 「MANCHU and MONGOL. G. Miscellaneous」, 『A CATALOGUE OF THE WADE COLLECTION OF CHINESE AND MANCHU BOOKS(IN THE LIBRARY OF THE UNIVERSITY OF CAMBRIDGE), CAMBRIDGE AT THE UNIVERSITY PRESS, 1898.
[19] Martin Gimm[金馬丁], "A Manchu Edition of Ilan-gurun-i bithe, San Francisco(1979), 8vols., 6, 958pp."「Manchu Translations of Chinese Novels and Short Stories: An Attempt at an Inventory[滿譯本中文小說書目稿]」, 『Asia Major』三叢第一卷.第二期. 第77-114頁. 만한합벽본 CMC 영인본은 파리국립도서관(Bibliothèque Nationale) 소장본의 영인본으로 3권1책, 전8책이다. 필자가 국내에서 직접 확인한 자료는 성백인 교수 소장본과 박상규 교수(경

이외에도 조선시대 청학서(淸學書)의 하나로 간행된『삼역총해(三譯總解)』(중간본, 1774)[20]도 국내외에 전하고 있는데, 특히 고려대학교 박물관에는 사역원 책판(册版)이 36판 72엽으로 전하고 있다.[21] 『삼역총해』는 청대 만문삼국지의 240회 가운데 10회분에 해당하는 만문을 선별하여 한글로 전사하고 번역한 것이다.[22]『삼역총해』만문 부분의 저본은 민영규, 성백인 등에 의해 순치 7년 만문삼국지일 것으로 언급되어 왔는데, 키시다(1990)에 의해 최종 확인되었다.[23] 『삼역총해』는 과거 연세(舊 연희)대학교 동방학연구소의 민영규 해제본(1956)을 비롯해서 홍윤표 해제(홍문각, 1995), 성백인 해제(연세대 국학연구원, 1998) 영인본 등이 간행된 적이 있다.

원대 국문과)의 소장본이다.
20 『三譯總解』에 대해서는 성백인,「現存 司譯院 淸學書와 그 硏究」,『알타이학보』, 한국알타이학회, 1994 ;「조선조 청학서 해제」,『만주어와 알타이어학 연구』, 태학사, 1999 참고.
21 정광·윤세영,『司譯院 譯學書 册版硏究』, 고려대학교 출판부, 1998 참고.
22 묄렌도르프의 표기법에 따라 전사하고 색인을 갖춘 것은 최동권·강성춘·T.otgontuul,『만문삼국지(三譯總解)』, 한국학술정보[주], 2008.
23 岸田文隆, 1990, 앞의 논문, 99쪽.

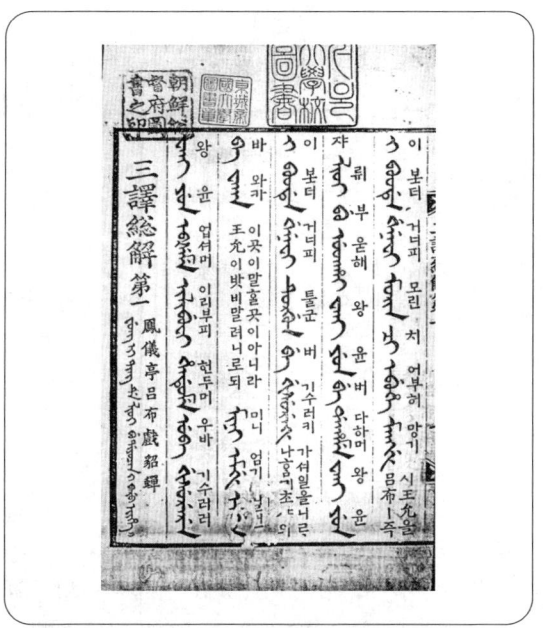

〈그림 3〉『三譯總解』규장각본

참고로『삼역총해』의 제1회부터 제10회에 해당하는 만문삼국지와 만한합벽삼국지의 출처를 표로 살펴보면 다음과 같다.24

　　『삼역총해』: 奎章閣 소장본(No. 奎 1529)
　　『만문삼국지』: Bibliothèque Nationale 소장본(No. MANDCHOU 120)
　　『만한합벽삼국지』: 京都大學文學部言語學敎室 소장본

---

24 岸田文隆, 1997, 앞의 책 70-71쪽 ; 성백인,「現存 司譯院 淸學書와 그 硏究」, 『알타이학보』제4호, 한국알타이학회, 1994, 13-14쪽.

[표 1]

『삼역총해』	『만문삼국지』	『만한합벽삼국지』
제1 1a~22b 鳳儀亭呂布戲貂蟬	권2 51b~58a	권2 73b~82a
제2 1a~26b 關雲長千里獨行	권6 18a~25a	권6 28a~41b
제3 1a~26b 諸葛亮智激孫權	권9 53b~62b	권9 70b~82a
제4 1a~25a 諸葛亮計伏周瑜	권10 2a~9b	권10 2a~12b
제5 1a~25a 黃蓋獻計破曹操	권10 9b~18b	권10 13a~23b
제6 1a~25b 闞澤密獻詐降書	권10 18b~27b	권10 24a~34b
제7 1a~23b 龐統進獻連環計	권10 27b~35b	권10 34b~44a
제8 1a~22b 曹孟德橫槊賦詩	권10 35b~42b	권10 44a~53a
제9 1a~22a 關雲長義釋曹操	권10 75b~82b	권10 98a~107b
제10 1a~26b 錦囊計趙雲救主	권11 76a~84a	권11 102a~114a

이들 『삼역총해』의 목차 가운데 국립중앙도서관 만한합벽본 잔권에 기록된 목차와 대조해 볼 수 있는 것은 「鳳儀亭呂布戲貂蟬」이다. 다만 여포의 이름을 만문에서는 'lioi bu'로 했으나 병행 한문의 경우 『삼역총해』는 '鳳儀亭呂布戲貂蟬'으로 만한합벽본은 '鳳儀亭布戲貂蟬'이라고 한 것이 다르다.

3. 국립중앙도서관의 만한합벽삼국지

한국의 국립중앙도서관에 소장되어 있는 만문삼국지는 만문과 한문이 병기된 만한합벽본이다. 현재 권이(卷二)의 일부가 1책(冊)으로 전한다. 도서관의 분류기호를 보면 "古朝64", 청구기호는 "한古朝64-15"로 되어있다. "朝鮮總督府圖書/記番號V.921/冊數1"과 "朝鮮總督府圖書館, 大正13.2.22, 圖書登錄番號, 古0207", "朝鮮總督府保轉本" 등의 장서인이 있는 것으로 보아 과거 조선총독부 장서로 분류되었다가 현재 국립중앙도서관 소장본으로 정리되었음을 알 수 있다.

표제 / 책임표시사항 : 三國志 卷二 판사항 : 木板本(中國)
발행사항 : 刊寫者未詳, 刊寫地未詳, 刊寫年未詳
형태사항 : 1冊; 27.5*17.3cm
주기사항 : 標題 - 蒙古書

책의 겉표지는 황갈색 바탕에 한문으로 "蒙古書二"라는 서명이 있고, 오침(五針)으로 제책(製冊)되어 있는데, 새로 배접(褙接)하여 현재의 모습이 된 것으로 판단된다. 원본의 일부와 이면에는 서화(書畵)의 흔적과 메모를 한 기록도 보인다. 몽고서(蒙古書)라는 서명(書名)으로 되어 있지만 몽문(蒙文)이 아니라 만문이다. 비록 만문에 대한 이해는 없었던 것으로 판단되지만, 이를 그대로 정리하여 보존한 것은 큰 의미가 있다.

본문은 표지를 제외하고 전부 22장 44쪽인데 1쪽은 공란이다. 판심(版心)은 "三國志"라고 되어 있으며 상어미(上魚尾)이고 그 아래 권

수[卷次]와 페이지[頁次]가 있다. 반엽(半葉)의 행수(行數)는 좌측 상단 위에서 아래로 만문이 7행이고, 만문 각행의 바로 우측에 한문이 병기되어 있다. 따라서 만한을 모두 합치면 14행이 된다.

본문의 내용을 검토해 본 결과 국립중앙도서관 만한합벽본은 청대 옹정 연간에 간행되었던 만한합벽본과 동일한 계통의 판본으로 드러났다. 만한합벽본은 강희제 현엽(玄燁)의 현(玄)자와 옹정제 윤정(胤禎)의 윤(胤)자 등을 결필(缺筆)의 방식으로 피휘했는데(黃潤華, 1983/岸田, 1997), 국립중앙도서관 소장본 역시 현(玄)자의 마지막 한 획이 생략되어 있는 것을 볼 수 있다.

만한합벽본의 만문 저본에 대해서는 키시다에 의해 검토된 바 있다. 만한합벽삼국지의 만문은 순치 7년 만문본의 전재(轉載)이나, 단어의 철자가 규범적인 것으로 수정되어 있고, 부주의로 일부 어구(語句)들이 누락된 것으로 확인되었다.25 한문 저본은 "수상고본이탁오원평삼국지(繡像古本李卓吾原評三國志)"라는 명칭으로 보아 이탁오평본(李卓吾評本)인데,26 손해제(孫楷第)의 『중국통속소설서목(中國通俗小說書目)』(1933)에 의하면 이탁오본은 아래와 같은 다섯종이 보고되어 있다.

(1) 煙水散人編次本(二十卷二百四十則)
(2) 建陽吳觀明刻本(一百二十回不分卷)
(3) 吳郡寶翰樓刻本(一百二十回不分卷)

---

25 岸田文隆, 1990, 앞의 논문, 92쪽.
26 李卓吾本에 대해서는 沈伯俊, 「李卓吾先生批評三國志考論」, 『三國演義新探』, 四川人民出版社, 2002(原載, 周兆新 主編, 『三國演義叢考』, 北京大學校出版社, 1995).

(4) 吳郡綠蔭堂刻本(一百二十回不分卷)
(5) 吳郡藜光樓楠槐堂刻本(一百二十回不分卷)

　만한합벽본의 한문 저본은 이 가운데 "오군녹음당장판(吳郡綠蔭堂藏版)"이라는 속지와 본문을 근거로 오군녹음당본(吳郡綠蔭堂本)이라고 할 수 있는데,27 오군녹음당본은 오관명본(吳觀明本)의 청대 이후 복각본(復刻本)으로 체재나 내용은 오관명본과 같고, 간행 연대는 강희 9년(1670) 이후로 알려져 있다.28

〈그림 4〉『三國志』CMC 영인본 속지

27　岸田文隆, 1990, 앞의 논문, 96쪽.
28　中川諭,「『三國志演義』版本研究-毛宗崗本的成書過程」,『三國演義叢考』, 北京大學出版社, 1995, 103-127쪽.

4. 만한합벽삼국지의 내용과 번역

청대 옹정 연간에 간행된 것으로 알려진 만한합벽본은 매권 10회씩, 24권 240회로 구성되어 있는데, 국립중앙도서관의 만한합벽본은 권2의 일부만 1책으로 전한다. 권2에는 목차 부분에 다음의 10회분이 나온다.

dung dzo . cang lo gung be tuwa sindaha ..
董卓火燒長樂宮

yuwan šoo . sun jian gu i doron be temšehe ..
袁紹孫堅奪玉璽

joo dz long . pan ho bira de ambula afaha ..
趙子龍盤河大戰

sun jian . giyang be doome . lio biyoo [i baru afaha] ..
孫堅跨江戰劉表

sy du hafan wang yun . diyoo [can i baru gisurehe] ..
司徒王允說貂蟬

fung i ting de loi bu . diyoo can i baru efihe ..
鳳儀亭布戲貂蟬

wang yun . arga tacibufi dung dzo be waha ..
王允授計誅董卓

li jiyo . g'o sy . cang an i hecen de afanjiha ..
李催郭汜寇長安

li jiyo . g'o sy fan ceo be waha ..
李催郭汜殺樊稠

ts'oots'oo cooha ilifi ama i karu be gaiha ..
曹操興兵報父讐

만한합벽본은 몇 회를 표시하지 않았으나 순서로 보면 권2의 1, 3, 4회(2회 없음)로, 총240회를 기준으로 삼으면 각각 11, 13, 14회(12회 없음)에 해당한다. 한문 저본으로 알려진 이탁오본과 비교해 본 결과 국립중앙도서관의 만한합벽본은 다음과 같은 2회분에 포함된다.

  제6회「董卓火燒長樂宮, 袁紹孫堅奪玉璽」
  제7회「趙子龍磐河大戰, 孫堅跨江戰劉表」

참고로 이들 회목(回目)을 청대에 널리 유행했던 모종강본(毛宗崗本)과 비교하면 다음과 같다.

  제6회「焚金闕董卓行凶, 匿玉璽孫堅背約」
  제7회「袁紹磐河戰公孫, 孫堅跨江擊劉表」

[표 2]

만한합벽삼국지 (국립중앙도서관본)	이탁오본		모종강본	
권2의 1회(총11회)	제6회	董卓火燒長樂宮	제6회	焚金闕董卓行凶
(없음)		袁紹孫堅奪玉璽		匿玉璽孫堅背約
권2의 3회(총13회)	제7회	趙子龍磐河大戰	제7회	袁紹磐河戰公孫
권2의 4회(총14회)		孫堅跨江戰劉表		孫堅跨江擊劉表

현재 이 만한합벽본은 국립중앙도서관에서 원문DB로 구축하여 이용에 많은 편리함을 주고 있으나 원본의 본문 22장 44쪽(1쪽 공란)과 달리 원문DB는 42쪽으로만 구성되어 있다.

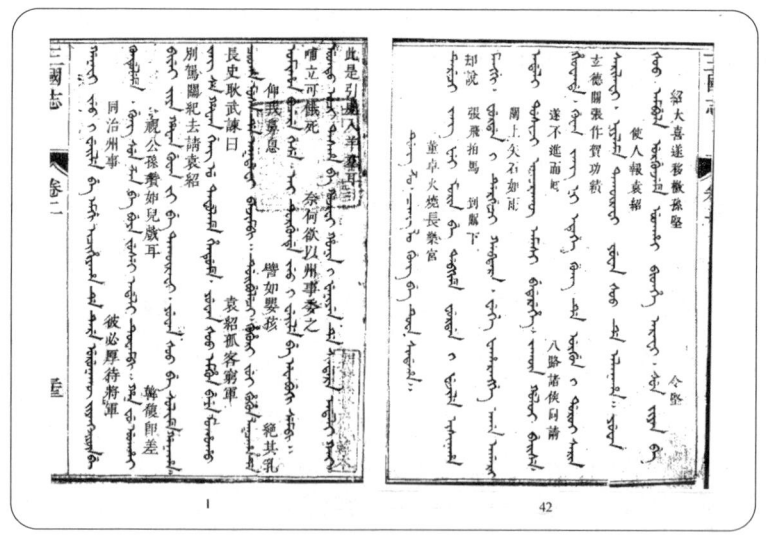

〈그림 5〉 국립중앙도서관 DB 1쪽, 42쪽

본문의 내용을 검토한 결과 원문DB의 전반부 1-26쪽은 만한합벽본 권2의 뒷부분인 7회(13, 14회)의 33b-47a에 해당하는데, 이 가운데 34b와 35a는 원문DB는 물론 원본에도 없다. 원문DB의 후반부인 27-42쪽은 권2의 앞부분이며, 순서가 대부분 역순으로 구축되어 있다. 원문DB의 41쪽은 '권2의 목차[卷二目錄]'인 1b에 해당한다. 1a에 해당하는 목차 부분이 없는데, 원문DB 작업시 1쪽 공란의 영향으로 다음 페이지에 해당하는 부분이 누락된 것이 아닌가 생각된다. 42쪽은 본문 2a, 39쪽은 2b, 40쪽은 3a, 37쪽은 3b, 38쪽은 4a, 35쪽은 4b로 해서 27쪽, 28쪽은 각각 8b, 9a에 해당하는 식이다.

다음은 만한합벽본의 번역에 대해 살펴볼 차례이다. 참고로 국립중앙도서관 만한합벽본 권2의 만문 부분은 묄렌도르프의 표기법에 준해서 로마자로 표기하였다.

1) 만한합벽본의 만문번역 분석

① 만문 표기상의 문제

만한합벽본 권2에는 목차에 나타난 표기와 본문의 표기가 다른 부분이 있다. 조자룡의 경우, 목차에서는 만문으로 'joo dz long'이라고 했는데, 본문에서는 'joo dz lung'이며, 한문의 경우 목차의 '盤河'가 본문에서는 '磐河'로 나타났다.

목차 [卷二]
  joo dz long . pan ho bira de ambula afaha ..
  趙子龍盤河大戰

본문

[卷二-3回](36a)
juwe cooha pan ho bira de acafi .
二軍會於磐河之上

yuwan šoo i cooha kiyoo i dergi ergide faidaha
紹軍於磐河橋東布陣

[卷二-3回](-38b)
hala joo . gebu yūn . tukiyehe gebu dz lung ..
姓趙名雲字子龍

[卷二-3回](44b)
te pan ho bira de afandumbi sere .
見在磐河厮殺

이밖에 만문번역에는 몇 가지 오류가 보이는데, 인명(人名)의 경우 [36a]에 나오는 "san"은 "dzan"으로 해야 옳으나 "san"으로 되어 있다.

[卷二-3回](36a)
gung sun san kiyoo i ninggude ilifi .

또 [7b]의 다음과 같은 부분은 만문 'facuhūn'을 그릇 표기한 것으로 보인다.

[卷二-1回](7b)
suwe jai ume eyacuhūn gisun be gisurere .
汝等再休亂言

만한합벽본 CMC 영인본을 보면 만문으로 'eyacuhūn' 비슷하게 표기되어 있는데, 국립중앙도서관의 만한합벽본에서는 이 단어 위에 검은색으로 획을 보태서 'facuhūn'으로 고친 흔적이 있다. 콜레주 드 프랑스 소장 『청문삼국지』 역시 'facuhūn'으로 한 것과 병행 한문 또한 '亂'으로 나오므로 'facuhūn'이 옳은 표기일 것이다.

또 [39a]에서 'urhudefi'라고 한 대목은 '저버리다'는 뜻이어야 문맥이 성립하므로 'urgedefi'로 이해해야 할 것이다.

[卷二-3回](39a)
yuwan hala be urhudefi .

② 만문과 한문이 다른 부분
만문 번역 가운데는 한문과 다르게 번역된 부분도 있는데, [44b]의 예를 보면 다음과 같다.

[卷二-4回](44b)
tucire dosire de aisin i ilgai yacin oyonggo sejen de tembi ..
出入乘金花皁蓋

이탁오본 병행 한문을 보면 '金花皁蓋'라고만 되어 있어서 '수레'에 해당하는 '車'자는 없지만,[29] 만문은 'oyonggo sejen'이라고 하여 한

---

29 명대 가정임오본과 주왈교본에는 이 부분을 '金花皁蓋車'라고 하였고, 이립옹본에는 '金花皁蓋'로 하여 본문과 같이 '車'가 없다. 모종강본에서는 동탁 운운하는 이 대목 자체가 본문에서 삭제되었다.

문의 '수레(車)'라는 표현을 만문으로 분명하게 번역하였다.

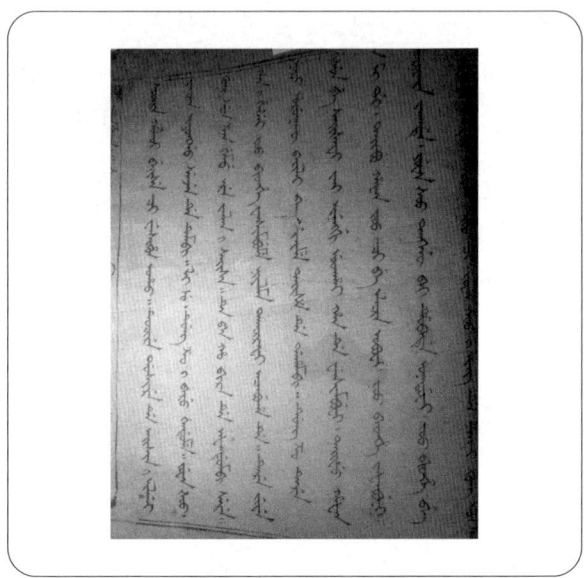

〈그림 6〉 『淸文三國志』 'sejen' 번역(左2行3번째)

③ 한문은 동일하나 만문 번역이 다양한 경우

한문으로는 똑같은 표현이지만 만문에서는 다르게 번역한 경우도 있다. 만한합벽본 권2의 [38b]에 나오는 부분이다. 먼저 만문의 예를 살펴보면 다음과 같다.

[卷二-3回](38b)
    ambula horonggo eldengge banjihabi ..
    대단히 위엄있고 늠름하게 생겼다.

이 가운데 "ambula horonggo eldengge banjihabi"라는 만문에 해당하는 병행 한문을 살펴보면 "相貌堂堂, 威風凜凜"이라고 되어 있다. "相貌堂堂, 威風凜凜"이라는 한문 표현은 만한합벽본 권1의 제1회에서 관우의 모습을 묘사할 때에도 똑같이 나타난다. 그런데 동일한 한문 표현에 대해 만한합벽본 권1과 권2의 번역이 다음과 같이 나타났다.

[卷1-1回] 관우
banjiha arbun alimbaharakū horonggo eldengge
　생긴　모습이　견딜 수 없이　위엄있고　늠름하였다.
相貌堂堂, 威風凜凜

[卷2-3回](38b) 조운
ambula horonggo eldengge banjihabi
　대단히　위엄있고　늠름하게　생겼다.
相貌堂堂, 威風凜凜

또 한문으로는 '直取'라는 부분도 만문 번역으로는 다음과 같은 번역상의 변화가 보인다.

[卷二-3回](37b, 38a)
wen ceo be bahame dosika ..
　文醜　를 바라고 들어갔다.
直取文醜

[卷二-3回](41a)
cioi i iliha teisu dosika ..
麴義를 곧장 상대하여 들어갔다.
直取麴義

[卷二-3回](41b)
cioi i teisu dosika ..
麴義를 상대하여 들어갔다.
直取麴義

④ 만문 번역상의 특수한 예

만문 번역 가운데 한문과 비교해 볼 때 의미상에서 약간 달라진 부분들이다. 먼저 [4b]의 예를 통해서 살펴보면 다음과 같다.

[卷二-1回](4b)
bi simbe warakū .
내 너를 죽이지 않으니,
吾不斬汝

hūdun genefi furdan be alibume daha ..
빨리 가서 關 을 바쳐 항복하라.
汝當速去 早獻關來降

sini ergen be guwebure .
너의 목숨 을 赦免하되,
饒你性命

aikabade goidaha sehede . yali giranggi be meijebumbi ..
만약에   지체했다 하면,   살   뼈   를   부수리라.
倘若遲悞 粉骨碎身

만한합벽본의 병행 한문은 명대 가정임오본, 청대 모종강본과 달리 '早獻關' 다음에 '來降' 부분이 첨가되어 있는 것이 두드러진다. 오늘날 이 부분의 해석은 대부분 만문 'guwebure'에 해당하는 '饒你性命'까지 끊어서 해석하는 방식을 취하고 있다.

吾不斬汝. 汝當速去, 早獻關來降, 饒你性命! 倘若遲悞, 粉骨碎身!
내 너를 참하지 않겠다. 너는 마땅히 속히 가서, 일찌감치 관을 바쳐와 항복하고, 네 목숨을 보전하라! 만약에 지체하면 뼈와 살을 부수리라!

참고로 이 부분에 대한 장서각과 규장각 그리고 국립중앙도서관의 한글필사본을 비교해보면 다음과 같다.30

"내 너를 주길 거시로되 목숨을 빌려 도라 보내노니 네 맛당이 수이 가 일즉이 관을 내게 드리라 ᄒ라 그러티 아니ᄒ면 ᄲᅦ 골리되고 몸이 ᄇᆞ아디리라"(『三國志』39卷 39冊, 한국학중앙연구원 장서각)31

---

30 국내에 전하는 완역 계열 한글필사본 가운데, 국립중앙도서관 소장 번역필사본 『삼국디』에 대한 연구는 李在弘, 『國立中央圖書館所藏 飜譯筆寫本 中國歷史小說研究』(연세대 박사논문, 2008)를 참고할 수 있다. 영인본은 한글생활사자료총서/번역고소설의 하나로 학고방에서 2009년 간행되었다.
31 한글필사본과 현토본 등의 띄어쓰기는 필자. 이하 같음.

"너 너을 안이 죽이나이 가 관을 드려 너의 셩명이나 보존ᄒ라 만일 더 듸면 구족을 안 보ᄂ지 못ᄒ리라."(『三國誌』30卷 30册, 서울대 규장각)

"너 너룰 버히디 아니ᄒ니 네 쌀리 가셔 일즉이 과슈관을 밧쳐 네 셩명 보젼케 ᄒ되 만닐 더듸면 분골쇄신ᄒᆞ믈 면치 못ᄒ리라"(『三國志』17卷 17 册, 국립중앙도서관)

모종강본의 후대 현토본(懸吐本)도 다음과 같은 구문 이해를 보여 주고 있다.

"吾不斬汝하노니 汝當速去하야 早早獻關하야 饒你性命하라 倘若遲 誤면 粉骨碎身하리라"(『三國誌』卷一, 永昌書館, 1941)

또 지명(地名) 관련 용어의 경우 고유명사로 파악해야 하는지의 여 부가 달린 부분도 있다.

[卷二-3回](39b)
cooha be gaifi kiyoo i jakade isinjifi faidan faidaha ..
　군사　를 이끌고 다리 의 근처에 도착하여 陣　　쳤다.
哨到界橋布成陣勢

[卷二-3回](41a, b)
dulimbai cooha sasa tucifi wame kiyoo i dalbade isinjifi
가운데의 군사가 일제히 나와 죽이며 다리 의　옆에 도달하고
中軍並起直殺到界橋邊

[卷二-3回](43a, b)
joo yūn . gung sun dzan be dalime
　趙雲은　　　　公孫瓚　　　을 호위하여
趙雲保公孫瓚

kaha ba be fondolome tucifi kiyoo i jakade isinjiha
에워싼 곳 을　　뚫고　나와서 다리 의 근처에 이르렀다.
殺透重圍到界橋

　병행 한문인 이탁오본은 물론이고 명대 가정임오본 역시 "哨到界橋, 布成陣勢"로 나온다. 역사적으로는 원소와 공손찬의 전투가 계교(界橋)32에서 있었으므로 고유명사로 파악해야 하는 문제가 있으나,33 소설적인 각색으로 계교를 반하 '양편의 경계에 놓인 다리'로 볼 여지도 있다. 국내 한글필사본인 장서각 낙선재본과 규장각본에서는 계교를 '디경 드리' 내지 '드리' 등으로 옮긴 것이 보인다.

　이외에도 만문 가운데 조선시대에 간행되었던 『한청문감(漢淸文鑑)』이나 『동문유해(同文類解)』에 사전적 용례가 보이지 않거나 표기가 약간 다른 것으로 [2b]에 나오는 "fonji"와 [38a]의 "sencihe" 등

32　界橋는 당시 鉅鹿郡 廣宗縣 동쪽, 淸(水)河 위쪽에 있었는데, 이 지역은 오늘날 河北 威縣 동쪽으로 알려져 있다. 羅貫中 著(沈伯俊 校注), 『三國志通俗演義』 上, 文匯出版社, 2008, 54-55쪽 ; 沈伯俊・譚良嘯 編著, 『三國志演義大辭典』, 中華書局, 2007, 342-343쪽 참고.
33　『三國志・袁紹傳』裵松之注『英雄記』와『三國志・公孫瓚傳』에 界橋가 등장하고,『後漢書・獻帝紀』에 "袁紹와 公孫瓚이 界橋에서 싸웠는데 公孫瓚의 군대가 크게 패하였다."고 하였다. 또『後漢書・袁紹傳』의 "麴義가 추격하여 界橋에 이르렀다."는 기록과 注에 "九州春秋에 이르기를 '돌아와서 廣宗 界橋에 주둔하였다.' 지금 貝州 宗城縣 동쪽에 古界城이 있다. 이 성 가까이에 枯漳水가 있으니, 界橋는 아마도 이 근처에 있었을 것이다."라고 하였다.

이 있다.

[卷二-1回](2b) fonji
ere fonji beye be hairandarakū
　이　 번　 몸　 을　아끼지 않고
wehe . sirdan de buceme afarangge .
　돌　 화살 에 죽도록 싸우는 것은

[卷二-3回](38b) sencihe
tere niyalma beye den jakūn c'y . faitan huweki .
　그　 사람　　身長　　 8　 尺, 눈썹　 짙고
yasa amba . dere onco . sencihe jursu .
　눈　 크며　 얼굴 너르고　 턱　 두 턱져서

5. 결론

　이상에서 국립중앙도서관 소장 만문삼국지인 만한합벽본의 판본과 번역에 대해 살펴보았다. 잔권인 관계로 전체적인 내용을 검토하기는 어려웠지만, 만한합벽삼국지 중문자료센터(CMC)의 영인본을 중심으로 파리국립도서관 만문본, 콜레주 드 프랑스 소장 만문본 등과 비교한 결과 청대 옹정 연간의 판본과 같은 계통임을 알 수 있었고, 만한합벽본 24권 240회 가운데 권2의 6, 7회 일부가 현재 국립중앙도서관에 1책으로 전하고 있음을 확인하였다. 국립중앙도서관의 만한합벽본은 만문삼국지로는 조선시대『삼역총해』이후로 처음 번역 소개되는 것으로 만문 뿐만 아니라 병행 한문 또한『삼국지연의』판본사에서 귀중한 가치를 지니고 있다.

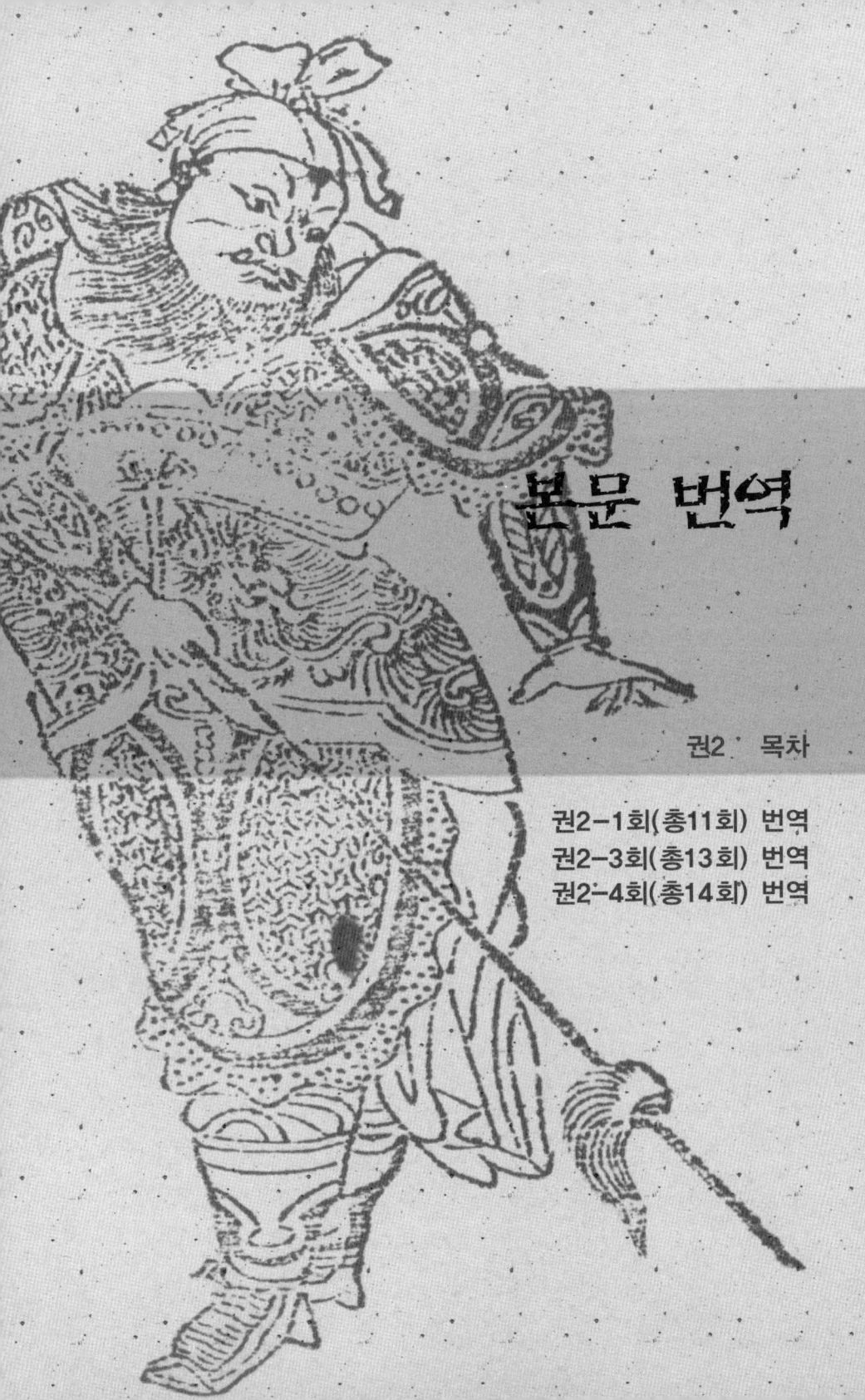

본문 번역

권2 목차

권2-1회(총11회) 번역
권2-3회(총13회) 번역
권2-4회(총14회) 번역

三國志

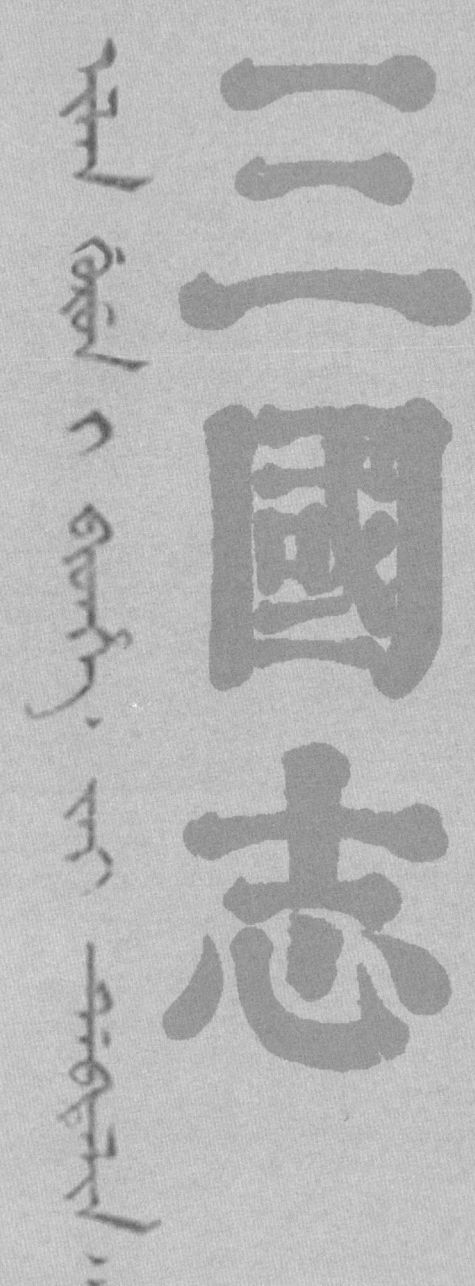

만한합벽삼국지

권2 목차

從王允計誅黎㜏
堅跨江戰劉表
子龍盤河大戰
紹孫堅奪玉璽
卓火燒長樂宮

ilan gurun i bithe . jai debtelin ..
[三國志 卷二]

fiyelen i ton ..
目錄

dung dzo . cang lo gung be tuwa sindaha
董卓은　　長樂宮　을　불　태웠다.
董卓火燒長樂宮

yuwan šoo . sun jian gu i doron be temšehe
袁紹와　孫堅은　玉의　璽　를 다투었다.
袁紹孫堅奪玉璽

joo dz long . pan ho bira de ambula afaha
趙子龍은　　盤河　河 에서　크게　싸웠다.
趙子龍盤河大戰

sun jian . giyang be doome . lio biyoo [i baru afaha]¹
孫堅은　　江　을 건너서　劉表　를 對하여 싸웠다.
孫堅跨江戰劉表

1　[ ] 부분은 국립중앙도서관본에 없는 부분을 보완한 것이다.

sy du hafan wang yun . diyoo [can i baru gisurehe]
　司徒　　벼슬　　王允은　　　　貂蟬　　을 對하여 설득하였다.
司徒王允說貂蟬

fung i ting de loi bu . diyoo can i baru efihe
　鳳儀亭　에서 呂布는　　　貂蟬　을 對하여 遊戲하였다.
鳳儀亭布戲貂蟬

wang yun . arga tacibufi dung dzo be waha
　王允은　　계책 가르쳐　　董卓　을 죽였다.
王允授計誅董卓

li jiyo . g'o sy . cang an i hecen de afanjiha
　李催과　　郭汜는　　長安　의　城　에 싸우러 왔다.
李催郭汜寇長安

li jiyo . g'o sy fan ceo be waha
　李催과　　郭汜는　　樊稠　를 죽였다.
李催郭汜殺樊稠

ts'oots'oo cooha ilifi ama i karu be gaiha
　曹操는　　군사 일으켜 부친 의 원수　를 갚았다.
曹操興兵報父讐

권2-1회 (총11회) 번역

[卷二-1回]

dung dzo . cang lo gung be tuwa sindaha ..
董卓은　　　長樂宮　을　불　태웠다.
董卓火燒長樂宮

tereci jang fei morin be dabkime furdan i fejile isinaha manggi . furdan i dergici gabtara . wehe faharangge aga agarai adali dosici ojorakū amasi bederehe .. jakūn goloi beise . hiowande . guwan jang ni etehe gung de urgun i doroi sarin sarilafi . niyalma takūrafi yuwan šoo de alanaha .. yuwan šoo ambula urgunjeme uthai bithe arafi . sun jiyan be cooha dosi seme niyalma takūraha ..

각설, 장비가 말을 박차고 관의 아래에 도달하니, 관 위에서 화살 쏘며 돌을 투척하는 것이 비가 오는 듯하여 들어가지 못하고 뒤로 물러났다. 팔로의 제후들은 현덕·관우·장비의 승리한 공에 기쁜 예로 잔치를 베풀고, 사람을 보내어 원소에게 보고하였다. 원소는 크게 기뻐하며 즉시 격문을 작성하여, 손견으로 하여금 군사를 진격하라고 사람을 보냈다.

却說, 張飛拍馬到關下. 關上矢石如雨, 遂不進而回. 八路諸侯同請玄德關張作賀功績, 使人報袁紹. 紹大喜, 遂移檄孫堅, 令堅進兵.

    tereci jang fei morin be dabkime
      却說   張飛가   말   을 박차고
    却說, 張飛拍馬

    furdan i fejile isinaha manggi .
      關 의 아래 도달한   뒤
    到關下

    furdan i dergici gabtara . wehe faharangge
      關 의 위로부터 화살쏘며   돌 투척하는 것이
    關上矢石

    aga agarai adali
      비   오는 듯하여
    如雨

    dosici ojorakū amasi bederehe ..
      들어가지 못하고 뒤로 물러났다.
    遂不進而回

jakūn goloi beise .
　　八路의　　諸侯들
八路諸侯

hiowande . guwan jang ni etehe gung de
　　玄德　　　關　　張　의 승리한　功　에
同請玄德關張

urgun i doroi sarin sarilafi.
　賀　의 禮로　잔치　베풀고
作賀功績

niyalma takūrafi yuwan šoo de alanaha ..
　사람　　보내어　　袁紹　　에게　알렸다.
使人報袁紹

yuwan šoo ambula urgunjeme
　袁紹는　　크게　　기뻐하며
紹大喜

uthai bithe arafi sun jiyan be [2a]
　즉시　글　작성하여,　孫堅　　을
遂移檄孫堅

cooha dosi seme niyalma takūraha ..
　군사　진격하라 고　　사람　　보냈다.
令堅進兵

sun jian . hūwang g'ai . ceng pu be gaifi dobori dulime jifi
. yuwan šu i ing de isinjiha manggi . yuwan šu okdome
tucifi dorolome acaha .. sun jian teifun i na be jujume
hendume .. dung dzo daci minde kimun akū bihe .. ere fonji
beye be hairandarakū wehe . sirdan de buceme afarangge .
dergi de oci gurun boo i jalinde hūlaha be dailambi .. fejergi
de oci jiyangjiyūn i jalinde kai .. jiyangjiyūn nememe belere
gisun de dosifi jeku . orho unggihekū . cooha gidabuha ..
jiyangjiyūn seme inu ai elhe ..

손견이 황개와 정보를 데리고 밤을 새워 와서 원술의 영채에 도달하
니, 원술이 맞이하러 나와서 예를 갖춰 만났다. 손견은 지팡이로 땅을
그으며 말하기를, "동탁은 본래 내게 원수가 아니었소이다. 이번에
내 몸을 돌보지 않고 돌과 화살에 죽기로 싸우는 것은 위로는 국가를
위하여 적을 토벌하고 아래로는 장군을 위함이로소이다. 그런데 장군
은 도리어 참소하는 말에 빠져, 군량과 마초를 보내지 않아 군사를
패하게 하였으니, 장군이라고 또한 무엇이 편안하시오?"

堅連夜引程普黃蓋直到袁術寨中, 術迎出施禮相見. 堅以杖畫地曰：
"董卓與我本無讐. 今番奮不顧身, 親冒矢石, 來決死戰者, 上爲國家
討賊, 下爲將軍家門之私. 而將軍却聽讒言, 不發糧草, 致令敗績, 將
軍何安?"

sun jian hūwang g'ai ceng pu be gaifi dobori dulime jifi .
孫堅이　　黃蓋와　　　程普 를 데리고 　밤　　새워　와서
堅連夜引程普黃蓋直到

yuwan šu i ing de isinjiha manggi .
　袁術　 의 營寨 에　도달한　　 뒤
袁術寨中

yuwan šu okdome tucifi dorolome acaha ..
　袁術이　맞이하러 나와서　禮하며　만났다.
術迎出施禮相見

sun jian teifun i na be jujume hendume ..
　孫堅은 지팡이로 땅 을　그으며　말하되
堅以杖畫地曰

dung dzo daci minde kimun akū bihe ..
　董卓은　본래　내게　원수　아니었다.
董卓與我本無讐

ere fonji beye be hairandarakū
　이　번　몸　을　아끼지 않고
今番奮不顧身

wehe . sirdan de buceme afarangge .
　돌　　화살 에 죽도록　싸우는 것은
親冒矢石 來決死戰者

dergi de oci gurun boo i jalinde hūlaha be dailambi ..
위 에 되면 國　家 를 위하여　　적　을 토벌하고
上爲國家討賊

fejergi de [2b] oci jiyangjiyūn i jalinde kai ..
아래 에　　되면　장군　을　위함이라.
下爲將軍家門之私

jiyangjiyūn nememe belere gisun de dosifi
장군은　도리어 참소하는 말　에 빠져서
而將軍却聽讒言

jeku . orho unggihekū . cooha gidabuha ..
糧　草 보내지 않아　군사 패하게 하였다.
不發糧草 致令敗績

jiyangjiyūn seme inu　ai　elhe ..
장군　이라 도 무엇이 편안한가?
將軍何安

yuwan šu ambula yertefi jabure gisun akū .. uthai beleme gisurehe niyalma be wafi .. waka be alime . sun jiyan be sarilarade . niyalma sun jian de alanjime furdan ci juwe moringga niyalma . musei ing de jifi . jiyangjiyūn be acaki sembi .. sun jian . yuwan šu ci fakcafi ini ing de jifi . jihe niyalma be hūlafi fonjici . dung dzo i gosire jiyangjiyūn li jiyo .. sun jian fonjime si ai baita i jihe ..

원술은 크게 부끄러워 답변할 말이 없다. 즉시 참소했던 사람을 참하고 잘못을 시인하며 손견을 위해 잔치를 베풀 때에, 사람이 손견에게 고하여 오기를, "관에서 말을 탄 두 사람이 우리의 영채에 와서 장군을 만나 뵙고자 합니다." 손견이 원술에게서 떠나 그의 영채로 와서, 찾아온 사람을 불러 물으니, 동탁이 아끼는 장수 이각이다.

術惶恐無言. 就令斬了進讒言之人. 以謝孫堅正飲宴間, 人報堅曰：
"關上有兩騎馬來寨中, 要見將軍." 堅辭袁術, 歸到本寨, 喚來問時, 乃董卓愛將李傕.

     yuwan šu ambula yertefi jabure gisun akū ..
     袁術은　　크게 부끄러워 대답할　말　없다.
術惶恐無言

     uthai beleme gisurehe niyalma be wafi ..
     즉시 참소하여 말했던　　사람　을 斬하고,
就令斬了進讒言之人

     waka be alime . sun jiyan be sarilarade .
     잘못 을 받아들이며 孫堅　을 잔치할 적에,
以謝孫堅正飲宴間

niyalma sun jian de alanjime
　사람이　　孫堅　에게 告하여 오되
人報堅日

furdan ci　juwe moringga niyalma . musei ing de jifi .
　關　에서　두　　말탄　　사람　우리의 營寨에 와서
關上有兩騎馬來寨中

jiyangjiyūn be acaki sembi ..
　장군　　을 만나고자 합니다.
要見將軍

sun jian . yuwan šu ci [3a] fakcafi
　孫堅이　　　袁術 에게서　　떠나서
堅辭袁術

ini　ing　de jifi .
그의 營寨 에 와서,
歸到本寨

jihe niyalma be hūlafi fonjici .
　온　　사람　을 불러 물으니,
喚來問時

dung dzo i gosire jiyangjiyūn li jiyo ..
　董卓　의 아끼는　　장수　　李傕이다.

乃董卓愛將李傕

li jiyo hendume . cenghiyang ni kundulerengge . damu jiyangjiyūn be kai . cananggi hūwa hiong tašarame jiyangjiyūn be necihe turgun de . cenghiyang ni mujilen elhe akū . cohome mimbe takū rafi sadun jafaki seme jihe . cenghiyang de sargan jui bi . jiyangjiyūn i haha jui de . buki sembi . uksun mukūn . deote juse bici gebu be bithe arafi wesimbu . gemu golo be tuwakiyara hafan obuki sembi . tuttu ohode . niyalma i erdemu waliyaburakū ombi ..

손견이 묻되, "너는 무슨 일로 왔느냐?" 이각이 말하기를, "승상께서 존경하는 이는 오직 장군이십니다. 그저께 화웅이 그릇되이 장군을 범했던 까닭에 승상의 마음이 편치 않습니다. 특별히 저를 파견하여 사돈을 맺고자 하여 왔습니다. 승상께 따님이 있는데 장군의 아드님께 짝지어 주고자 하십니다. 종족 자제분들 있으시면 명단을 적어 올리십시오. 모두 성을 지키는 관리 삼고자 하십니다. 그렇게 되면 인재를 잃지 않게 되십니다."

堅曰:"汝來何爲?" 傕曰:"丞相所敬者, 惟將軍耳. 前者華雄誤犯將軍, 丞相心中不安, 令特使傕來結親. 丞相有女, 欲配將軍之子. 但有宗族之子弟, 連名保上, 皆作郡守刺史, 庶幾不失人才."

sun jian fonjime si　ai baita i jihe ..
孫堅이　　묻되　　네 무슨　일 로 왔는가?
堅曰汝來何爲

li jiyo hendume . cenghiyang ni kundulerengge .
李催이　　말하되　　　승상　　의　존경하는 이는
催曰丞相所敬者

damu jiyangjiyūn be kai .
다만　　장군　　이로다.
惟將軍耳

cananggi hūwa hiong
그저께　　　華雄이
前者華雄

tašarame jiyangjiyūn be necihe turgun de .
그릇되이　　　장군　　을 범했던　까닭 에
誤犯將軍

cenghiyang ni mujilen elhe akū .
　승상　　의　마음　편치 않습니다.
丞相心中不安

cohome mimbe takūrafi sadun jafaki seme jihe .
특별히　　저를　　파견하여　사돈 맺고자 하여 왔습니다.

令特使催來結親

cenghiyang de sargan jui bi .
　승상　　께　　따님　있는데,
丞相有女

jiyangjiūn i haha jui de . [3b] buki sembi .
　장군　의　아드님　께　　주고자 하십니다.
欲配將軍之子

uksun mukūn . deote juse bici
　　宗族　　　　子弟들　있으면
但有宗族之子弟

gebu be bithe arafi wesimbu .
이름 을　글　써서 올리십시오.
連名保上

gemu golo be tuwakiyara hafan obuki sembi .
　모두　省　을　　지키는　관리　삼고자 하십니다.
皆作郡守刺史

tuttu ohode . niyalma i erdemu waliyaburakū ombi ..
그렇게 되면　　사람 의　才德　잃지 않게　됩니다.
庶幾不失人才

sun jiyan ambula jili banjifi esukiyeme hendume . dung dzo fudasihūn hūlha doro akū . han i soorin be duriki sembi . bi uksun mukūn be suntebufi . dung dzo i uju be duin mederi dorgi de lakiyafi . abkai fejergi be selabuki sembi .. tuttu akū ohode . bi bucehe seme yasa nicurakū . fudaraka hūlha i baru sadun jafaha doro bio . bi simbe warakū . hūdun genefi furdan be alibume daha .. sini ergen be guwebure . aikabade goidaha sehede . yali giranggi be meijebumbi ..

손견이 크게 화를 내고 꾸짖어 말하기를, "동탁은 패역한 도적으로 무도하여 황제의 자리를 빼앗고자 한다. 나는 종족을 진멸하고, 동탁의 머리를 사해에 내걸어서 천하를 후련케 하고자 하노라! 그렇지 않으면 내가 죽더라도 눈을 감지 못하니, 역적과 더불어 사돈 맺을 리가 있겠는가? 내 너를 죽이지 않겠으니, 빨리 가서 관을 바쳐 항복하라! 너의 목숨을 사면하되, 만약에 지체하였을 적에, 살과 뼈를 부수리라!"

堅大怒叱曰："董卓逆天無道, 蕩覆王室, 吾欲盡夷九族, 懸頭四海, 以謝天下！如其不然, 則吾死不瞑目, 安肯與逆賊結親耶！吾不斬汝, 汝當速去, 早獻關來降, 饒你性命, 倘若遲悞, 粉骨碎身！"

sun jiyan ambula jili banjifi esukiyeme hendume .
孫堅이   크게   성   내고   꾸짖어   말하되
堅大怒叱曰

dung dzo fudasihūn hūlha doro akū .
　董卓은　　패역한　도적　道 없고,
董卓逆天無道

han i soorin be duriki sembi .
황제 의　位　를 빼앗고자 한다.
蕩覆王室

bi uksun mukūn be suntebufi .
나는　　宗族　　을 진멸하고
吾欲盡夷九族

dung dzo i uju be duin mederi dorgi de lakiyafi .
　董卓　의머리를 四　　海　內 에 걸어서
懸頭四海

abkai fejergi be selabuki sembi .. [4a]
하늘의　아래　를　후련하게 하고자 한다.
以謝天下

tuttu akū ohode .
그렇지 않게 되면
如其不然

bi bucehe seme yasa nicurakū .
내 죽었다　하여　눈 감지 못하니,

則吾死不瞑目

fudaraka hūlha i baru sadun jafaha doro bio .
　　逆　　賊　을 對하여　사돈　맺을 이치 있는가?
安肯與逆賊結親耶

bi simbe warakū .
내　너를　죽이지 않겠으니,
吾不斬汝

hūdun genefi furdan be alibume daha ..
빨리　가서　關　을　바쳐 항복하라.
汝當速去早獻關來降

sini ergen be guwebure .
너의　목숨　을　赦免하되,
饒你性命

aikabade goidaha sehede . yali giranggi be meijebumbi ..
만약에　지체했다 하면,　살　뼈　를　부수리라.
倘若遲悞粉骨碎身

li jiyo uju be tebeliyefi singgeri gese sujume tucifi . dung
dzo de alame . sun jian ambula doro akū gisun be gisurembi

.. dung dzo ambula jili banjifi . li žu i baru fonjire jakade . li žu hendume . te wen heo gidabure jakade . geren cooha afara mujilen akū . cooha be gaifi lo yang de bedereki . han be cang an de guribufi ganiongga gisun de acabuki .. te giyai de buya juse ganiongga gisun i uculerengge . wargi de emu han . dergi de emu han . buhū cang an de dosici . ere jobolon akū ombi sehebi .. ere gisun cenghiyang de teisulehebi .. cang an i hūturingga ba de mukdenderengge kai ..

이각이 머리를 감싸고 쥐처럼 달려 나가서, 동탁에게 고하매, 손견이 몹시 예의 없다 말하였다. 동탁이 크게 화를 내고 이유에게 묻기에, 이유가 말하기를, "지금 온후가 패한 까닭에 여러 군사가 싸우려는 마음이 없습니다. 군사를 이끌고 낙양에 물러나, 황제를 장안에 옮기고, 요언에 응하고자 합니다. 지금 길거리에서 어린 아이들이 요언 노래 하는 것에, '서쪽에 하나의 한나라 동쪽에 하나의 한나라, 사슴이 장안에 들어가면 이 재난 없게 되리라.' 하였습니다. 이 말이 승상께 들어 맞습니다. 장안의 복 있는 터에서 흥성하는 것입니다.

李傕抱頭鼠竄, 見董卓, 說孫堅甚是無禮. 卓大怒問李儒, 儒曰:"溫侯新敗, 兵無戰心. 不若引兵回洛陽, 遷帝於長安以應謠兆. 近日街市小童謠曰'西頭一箇漢, 東頭一箇漢. 鹿走入長安, 方可無斯難.'此言正應丞相. 旺在長安具福之地.

li jiyo uju be tebeliyefi singgeri gese sujume tucifi .
　李傕이 머리를　감싸고　　쥐　처럼　달려　나가
李傕抱頭鼠竄

dung dzo de alame .
　董卓　　에게 고하매
見董卓

sun jian ambula doro akū gisun be gisurembi ..
　孫堅이　크게　禮 없다　말　을　말한다.
說孫堅甚是無禮

dung dzo ambula jili banjifi .
　董卓이　　크게　성　내고
卓大怒

li žu i baru fonjire [4b] jakade .
　李儒 를 향하여 묻는　　　故로
問李儒

li žu hendume . te wen heo gidabure jakade .
　李儒가 말하되　지금 溫侯　패하는　故로
儒曰溫侯新敗

geren cooha afara mujilen akū .
　여러　군사　싸울　마음　없습니다.

兵無戰心

cooha be gaifi lo yang de bedereki .
군사 를 이끌고 洛陽 에 물러나
不若引兵回洛陽

han be cang an de guribufi
황제 를 長安 에 옮기고
遷帝於長安

ganiongga gisun de acabuki ..
　　　　　　妖言　에 부응하고자 합니다.
以應謠兆

te giyai de buya juse ganiongga gisun i uculerengge .
지금 거리 에서 어린 아이들 　　　妖言　으로 노래하는 것,
近日街市小童謠曰

wargi de emu han . dergi de emu han .
　西　에　一　漢　　東　에　一　漢,
西頭一箇漢, 東頭一箇漢

buhū cang an de dosici . ere jobolon akū ombi sehebi ..
사슴이　長安　에 들어가면, 이　재난　없게 된다 하였습니다.
鹿走入長安, 方可無斯難

본문 번역 65

ere gisun cenghiyang de teisulehebi ..
　이　말　　　승상　　께 들어맞았습니다.
此言正應丞相

cang an i hūturingga ba de mukdenderengge kai .. [5a]
　長安　의　복 있는　곳에서　興盛하는 것입니다.
旺在長安具福之地

wargi de emu han serengge . han g'ao dzu han wargi <u>cang an</u> de mukdefi . juwan juwe jalan han tehe .. dergi de emu han serengge .. guwang u han dergi <u>lo yang</u> de mukdefi inu juwan juwe jalan han tehe . abka i forgon de acabume . cenghiyang <u>cang an</u> de gurihe de teni ere jobolon akū ombikai ..

서쪽에 하나의 한나라라고 하는 것은 한고조께서 한나라 서쪽 장안에서 흥성하여 12대를 황제께서 재위하신 것을 말하고, 동쪽에 하나의 한나라라고 하는 것은 광무 황제께서 동쪽 낙양에서 흥성하여 또한 12대를 황제께서 재위하신 것을 말하는 것입니다. 하늘의 운수에 맞추어 승상께서 장안으로 옮기시면 이제 이런 재난 없게 되옵니다."

'西頭一箇漢', 乃漢高祖旺於西都長安, 一十二帝. '東頭一箇漢', 乃應光武旺於東都洛陽, 今亦一十二帝. 天運合回, 丞相遷回長安, 方可無危急矣."

wargi de emu han serengge .
西　에　一　漢　이라는 것은
西頭一箇漢

han g'ao dzu han wargi cang an de mukdefi .
漢　高祖　황제　西　　長安 에서　興盛하여
乃漢高祖旺於西都長安

juwan juwe jalan han tehe ..
十　　二　　대　황제 재위하였다.
一十二帝

dergi de emu han serengge ..
東　에　一　漢　이라는 것은
東頭一箇漢

guwang u han dergi lo yang de mukdefi
　　光武　황제　東　　洛陽 에서　興盛하여
乃應光武旺於東都洛陽

inu juwan juwe jalan han tehe .
또　十　　二　　대　황제 재위하였다.
今亦一十二帝

abka i forgon de acabume .
하늘 의　運數　에　맞추어
天運合回

cenghiyang cang an de gurihe de
승상께서   長安   에 옮겼을 적에
丞相遷回長安

teni ere jobolon akū ombikai ..
이제 이런 재난   없게 됩니다.
方可無危急矣

dung dzo ambula urgunjeme hendume . si gisurerakū bici . bi sarkū bihe seme lioi bu be gaifi . dobori dulime lo yang de bederehe .. gurire jalinde hebešembi seme bithe coohai hafan be han i yamun de isabufi . dung dzo hendume . musei han gurun . dergi du hecen de tefi juwe tanggū aniya funcehe . te gurun i arbun wasikabi . bi tuwaci . mukdendere sukdun cang an de dosikabi . han be wargi de guribuki sembi . suweni geren gurire aika jaka be dagila ..

동탁은 크게 기뻐하며 말하기를, "네가 말하지 않았더라면, 내 모르고 있었을 것이다."라며 여포를 데리고 밤을 새워 낙양으로 물러났다. 천도하는 일로 상의한다며, 문무 관원을 조정에 모이도록 하였다. 동탁이 말하기를, "우리의 한나라가 동쪽 도성에 도읍하여 2백 년 남짓 되었다. 이제 나라의 형세가 쇠하였다. 내가 보니 흥성하는 기운이 장안에 들어갔으니, 황제를 서쪽으로 이전하고자 한다. 그대들은 옮길 각종 물건을 채비하라!"

卓大喜曰:"非汝言之, 吾實不悟."引呂布星夜回洛陽. 商議遷都, 聚文武於朝堂. 卓曰:"漢歷東都二百餘年, 氣數已衰. 吾觀旺氣入在長安, 吾欲奉鑾駕西幸, 汝等各宜促裝耳.

dung dzo ambula urgunjeme hendume .
　董卓은　크게　　기뻐하며　　말하되
卓大喜曰

si gisurerakū bici .
네　말하지 않았다면,
非汝言之

bi sarkū bihe seme
내 몰랐을 것이다 라며
吾實不悟

lioi bu be gaifi . dobori dulime lo [5b] yang de bederehe ..
　여포를 데리고　밤　새워　洛　　　陽에 물러났다.
引呂布星夜回洛陽

gurire jalinde hebešembi seme
천도하기 위하여　商議한다　　며
商議遷都

bithe coohai hafan be han i yamun de isabufi .
　文　武의　관원을 황제의 衙門에 모이도록 했다.

聚文武於朝堂

dung dzo hendume .
　董卓이　　말하되
卓曰

musei han gurun . dergi du hecen de tefi
우리의　漢　나라　　東　都　城　에 居하고
漢歷東都

juwe tanggū aniya funcehe .
　2　　백　　년　남짓이었다.
二百餘年

te gurun i arbun wasikabi .
이제 나라 의 형세　衰하였다.
氣數已衰

bi tuwaci . mukdendere sukdun cang an de dosikabi .
내　보니　　興盛하는　　기운　　長安　에 들어갔으니,
吾觀旺氣入在長安

han be wargi de guribuki sembi .
황제 를　西　에　옮기고자　한다.
吾欲奉鑾駕西幸

suweni geren gurire aika jaka be dagila ..
그대들의 여러   옮길 어떤 물건 을 갖추어라!
汝等各宜促裝耳

sy tu hafan <u>yang biyoo</u> tucifi hendume . furdan i dorgi ba ambula kokirabuhabi . te turgun akū mafari miyoo . eifu munggan be waliyaci geren irgen burgindufi . ding ni muke fuyere adali facuhūrara ayoo . abkai fejergi be acinggiyaran gge ja . toktoburengge mangga . cenghiyang seoleme tuwa .. <u>dung dzo</u> jili banjifi hendume si gurun boo i amba weile be ilibumbio ..

사도 양표가 나와서 말하기를, "관내 지역은 크게 훼손되었습니다. 지금 까닭없이 종묘와 황릉을 버리면 여러 백성들이 놀라서, 솥의 물 끓듯이 어지러워질까 합니다. 천하를 요동케 하는 것은 쉽고, 안정시키는 것은 어렵습니다. 승상께서는 잘 헤아려 보시기 바랍니다." 동탁은 화를 내고 말하기를, "네가 국가의 대사를 막으려 하는 것이냐?"

司徒楊彪出言曰："關中殘破零落, 今無故捐宗廟, 棄皇陵, 恐百姓驚動, 必有鼎沸之亂. 天下動之至易, 安之至難, 望丞相鑒察." 卓怒曰："汝阻國家之大計耶?"

sy tu hafan yang biyoo tucifi hendume .
司徒 벼슬　　楊彪가　나와서 말하되
司徒楊彪出言曰

furdan i dorgi ba ambula [6a] kokirabuhabi .
關　의 안　지역 크게　　　毀傷되었습니다.
關中殘破零落

te turgun akū mafari miyoo .
지금 까닭　없이　　宗　　廟
今無故捐宗廟

eifu munggan be waliyaci
墓　　陵　　　을 버리면
棄皇陵

geren irgen burgindufi .
여러　　백성　　놀라서
恐百姓驚動

ding ni muke fuyere adali facuhūrara ayoo .
鼎　의　물　　끓는　듯이 어지러워질까 합니다.
必有鼎沸之亂

abkai fejergi be acinggiyarangge ja .
하늘의　아래　를 요동케 하는 것은 쉽고,

天下動之至易

toktoburengge mangga .
안정시키는 것은 어렵습니다.
安之至難

cenghiyang seoleme tuwa ..
승상께서는 잘 헤아려 보십시오.
望丞相鑒察

dung dzo jili banjifi hendume
 董卓은 성 내고 말하되
卓怒曰

si gurun boo i amba weile be ilibumbio ..
네가 國 家 의 큰   일 을 멈추려는 것이냐?
汝阻國家之大計耶

tai ioi hafan hūwang wan tucifi hendume . yang sytu gisun inu kai . julge wang mang fudarafi soorin be durihe . keng sy c'y mei fonde . cang an be tuwa sindara jakade . gemu susu ohobi .. tere dade irgen gurime samsifi tanggū i dolo emu juwe hono akū . te boo yamun be waliyafi susubuha bade generengge . giyan de acarakū kai ..

태위 황완이 나와 말하기를, "양사도의 말이 옳습니다. 옛날 왕망이 패역하여 황제의 자리를 빼앗았습니다. 경시 적미 시절에 장안을 불태운 까닭에 모두 황량한 곳이 되었습니다. 그 원래 백성은 이전하여 흩어지고, 백에 하나 둘조차도 없습니다. 지금 궁실 관부를 버리고 황량해진 곳으로 가는 것은 이치에 맞지 않습니다."

太尉黃琬出曰："楊司徒之言是也. 往者, 王莽篡逆, 更始赤眉之時, 焚燒長安, 盡爲瓦礫之地. 更兼人民流移, 百無一二. 今棄宮室而就其荒地, 非所宜也."

tai ioi hafan hūwang wan tucifi hendume .
太尉　벼슬　　黃琬이　　　나와　　말하되
太尉黃琬出曰

yang sytu gisun inu kai .
楊　司徒　말　옳습니다.
楊司徒之言是也

julge wang mang fudarafi soorin be [6b] durihe .
옛날　　王莽이　　패역하여　帝位 를　　　빼앗았습니다.
往者王莽簒逆

keng sy c'y mei fonde .
更　始　赤　眉　시절에
更始赤眉之時

cang an be tuwa sindara jakade .
長安　을　불　태운　故로
焚燒長安

gemu susu ohobi ..
모두 황량하게 되었습니다.
盡爲瓦礫之地

tere dade irgen gurime samsifi
그　원래　백성　이전하여　흩어지고
更兼人民流移

tanggū i dolo emu juwe hono akū .
百　의　內　하나　둘　조차　없습니다.
百無一二

te boo yamun be waliyafi susubuha bade generengge .
지금 宮室 衙門 을　버리고　황량해진 곳에　가는 것은
今棄宮室而就其荒地

giyan de acarakū kai ..
道理　에　맞지 않습니다.
非所宜也

dung dzo hendume . furdan i dergide hūlha dekdehebi . abkai
fejergi facuhūn ohobi . cang an i bade hiyoo . han i akdun bi .
long io ba geli hanci . moo . wehe . jun . wase be udu inenggi
ojorakū bahaci ombi . boo yamun be araci emu biyai dolo kai .
suwe jai ume facuhūn gisun be gisurere .

동탁이 말하기를, "관동 지역에 도적이 일어나 천하가 어지러워졌다.
장안 지역에는 함곡관의 견고함이 있고, 농우 지역 또한 가까워서 나
무, 돌, 벽돌, 기와를 며칠 안 되어 얻으면 되고, 궁실과 관부를 짓는
데 한 달 안이다. 너희들은 다시 어지러운 말들을 하지 말라."

卓曰：＂關東賊起, 天下播亂. 長安有崤函之險, 更近隴右, 木石磚瓦
克日可辦, 宮室官府不須月餘. 汝等再休亂言.＂

    dung dzo hendume .
      董卓이　　　말하되
    卓曰

    furdan i dergide hūlha dekdehebi .
      關　의　東에　도적이　일어나
    關東賊起

    abkai fejergi facuhūn ohobi .
      하늘의　아래　어지럽게　되었다.
    天下播亂

cang an i bade hiyoo . han i akdun bi .
長安 의 지역에 崤   函 의 견고함 있고,
長安有崤函之險

long io ba geli hanci .
隴右 지역 또한 가깝다.
更近隴右

moo . wehe . jun [7a] wase be
나무   돌   磚   기와 를
木石磚瓦

udu inenggi ojorakū bahaci ombi .
몇   일   안 되어 얻으면 된다.
克日可辦

boo yamun be araci emu biyai dolo kai .
궁실 衙門 을 지으면 한 달의 內 이다.
宮室官府不須月餘

suwe   jai ume facuhūn gisun be gisurere .
너희들은 다시   어지러운 말 을 하지 말라.
汝等再休亂言

sy kung hafan siyūn suwang tafulame hendume . cenghiyang aikabade gurici. lo yang hecen i geren irgen gemu gukumbi kai .. dung dzo jili banjifi hendume . bi abka i fejergi uheri jalinde dere . emu hecen i buya irgen be hairaci ombio .. siyūn suwang hendume . irgen serengge . gurun i fulehe . fulehe akdun oci gurun elhe . aikabade lo yang ci gurihede . irgen banjici ojorakū . abkai fejergi efujerengge ereci deribumbi kai .. dung dzo hendume . balai ainu gisurembi sefi .. tere inenggi uthai yang bioo siyūn suwang ni hafan be efulefi irgen obuha ..

사공 순상이 간하여 말하기를, "승상께서 만약에 천도하시면 낙양성의 여러 백성은 모두 망하옵나이다." 동탁이 화를 내고 말하기를, "내가 천하 모두를 위하는 것인데, 한 성의 작은 백성을 아까워하면 되겠는가?" 순상이 말하기를, "백성이라는 것은 나라의 근본입니다. 근본이 튼튼해야 나라가 평안합니다. 만약에 낙양에서 천도하면 백성은 살아가지 못합니다. 천하가 위태로워지는 것은 여기에서 시작되는 것입니다." 동탁이 말하기를, "함부로 어찌 말하는가?" 하고, 그날 즉시 양표, 순상의 관직을 파하여 서민으로 만들었다.

司空荀爽諫曰:"丞相若遷都, 洛陽百姓皆危亡矣." 卓怒曰:"吾爲天下計, 豈惜小民哉?" 爽曰:"民爲邦本, 本固邦寧. 若使遷都, 民不聊生, 自此天下危矣." 卓曰:"亂道!" 即日罷楊彪・荀爽官職, 貶爲庶民.

sy kung hafan siyūn suwang tafulame hendume .
司空 벼슬 荀爽이 諫하여 말하되
司空荀爽諫曰

cenghiyang aikabade gurici .
승상께서 만약에 옮기면
丞相若遷都

lo yang hecen i geren irgen gemu gukumbi kai ..
洛陽 城 의 여러 백성 모두 망하옵나이다.
洛陽百姓皆危亡矣

dung dzo jili banjifi hendume .
董卓이 성 내고 말하되
卓怒曰

bi abka i fejergi uheri jalinde dere .
내 하늘 의 아래 전체 위함인데
吾爲天下計

emu hecen i buya irgen be hairaci ombio ..
한 城 의 작은 백성 을 아끼면 되겠는가?
豈惜小民哉

siyūn suwang hendume .
荀爽이 말하되
爽曰

irgen serengge . gurun i [7b] fulehe .
　백성 이라는 것은　나라 의　　근본입니다.
民爲邦本

fulehe akdun oci gurun elhe .
　근본이　견고하면　　나라　평안합니다.
本固邦寧

aikabade lo yang ci gurihede . irgen banjici ojorakū .
　만약에　　洛陽　에서　옮기면　　　백성　살아가지 못합니다.
若使遷都民不聊生

abkai fejergi efujerengge ereci deribumbi kai ..
　하늘의　　아래 위태로워지는 것은 이로부터 시작되나이다.
自此天下危矣

dung dzo hendume . balai ainu gisurembi sefi ..
　董卓이　　　말하되　　함부로 어찌　　말하는가 하고
卓曰亂道

tere inenggi uthai yang bioo
　그　　날　　즉시　　楊彪
卽日罷楊彪

siyūn suwang ni hafan be efulefi irgen obuha ..
　　荀爽　　의 관직 을 罷하여 庶民 되게 하였다.
荀爽官職貶爲庶民

dung dzo yamun ci tucifi sejen de tere de . juwe niyalma
sejen i juleri niyakūrahabi .. tuwaci . šangšeo hafan jeo mi .
siyoo ioi hafan u ciong .. dung dzo fonjime aika baita bio ..
jeo mi hendume . te donjici . cenghiyang cang an de gurimbi
sere . tuttu tafulame jihe .. dung dzo ambula jili banjifi
hendume . bi dade suweni juwe nofi gisun be gaifi baitalaha
niyalma te gemu ubašaha .. tere gemu suweni emu hoki .
suwembe warakū ohode . amala urunakū jobolon ombi sefi .
uthai urse de afabufi du hecen i duka i tule gamafi waha ..
geren irgen yasa i muke tuhebuhekūngge akū ..

동탁이 관부에서 나와 수레에 탈 때에 두 사람이 수레 앞에 무릎을
꿇었다. 바라보니 상서 주비와 교위 오경이다. 동탁이 묻기를, "무슨
일이 있는가?" 주비가 말하기를, "지금 들으니, 승상께서 장안으로 천
도하신다 하여 그래서 간하러 왔습니다." 동탁이 크게 화를 내고 말
하기를, "내 애초 너희들 두 사람의 말을 듣고 등용했던 사람이 지금
모두 반역하였다. 저는 모두 너희들과 한 무리이다. 너희들을 죽이지
않으면 뒤에 반드시 우환거리가 되리라." 하고, 즉시 사람들에게 넘
겨서 도성 문밖으로 끌고 가서 죽였다. 여러 백성들 눈물 흘리지 않
는 이가 없었다.

卓出上車, 車前二人跪下, 視之, 乃尙書周毖・校尉伍瓊, 卓問曰：
"有何事?" 毖曰："今聞丞相欲遷都長安, 故來諫耳." 卓大怒曰："我
始聽你兩箇保用的人, 今日皆反, 是汝等一黨, 若不斬絕, 必生後患."

叱武士拏出, 都門斬首. 百姓莫不垂淚.

dung dzo yamun ci tucifi sejen de tere de .
董卓이 衙門 에서 나와 수레 에 탈 적에
卓出上車

juwe niyalma sejen i juleri niyakūrahabi ..
두 사람 수레의 앞에 무릎꿇었다.
車前二人跪下

tuwaci . šangšu hafan jeo mi .
바라보니 尙書 벼슬 周珌
視之乃尙書周珌

siyoo ioi hafan u ciong ..
校尉 벼슬 伍瓊이다.
校尉伍瓊

dung dzo [8a] fonjime aika baita bio ..
董卓이 묻되 무슨 일 있는가?
卓問曰有何事

jeo mi hendume . te donjici .
周珌가 말하되 지금 듣자하니
珌曰今聞

cenghiyang cang an de gurimbi sere .
승상께서　　長安　에　옮긴다 하여,
丞相欲遷都長安

tuttu tafulame jihe ..
그래서 諫하러 왔습니다.
故來諫耳

dung dzo ambula jili banjifi hendume .
董卓이　크게　성　내고　말하되
卓大怒曰

bi dade suweni juwe nofi gisun be gaifi
내 본래 너희들의　두　사람　말　을 取하여
我始聽你兩箇

baitalaha niyalma te gemu ubašaha ..
기용했던　사람 지금 모두　叛하였다.
保用的人今日皆反是

tere gemu suweni emu hoki .
그　모두 너희들의　한　무리이다.
汝等一黨

suwembe warakū ohode .
너희들을　죽이지 아니 하면
若不斬絕

amala urunakū jobolon ombi sefi .
뒤에   반드시   우환   된다 하고
必生後患

uthai urse de afabufi
즉시 사람들 에게 맡겨서
叱武士拏出

du hecen i duka i tule gamafi waha ..
都   城   의 문 의 밖   데려가 죽였다.
都門斬首

geren irgen yasa i muke [8b] tuhebuhekūngge akū ..
여러   백성   눈 의 물   흘리지 않는 이 없다.
百姓莫不垂涙

tereci <u>dung dzo</u> . <u>cang an</u> de gurime cimaha uthai jurambi seme selgiyehe .. <u>li žu</u> hendume . te ciyanliyang komso .. <u>lo yang</u> hecen de bayan niyalma labdu bi .. ainu bargiyafi . sidende dosimburakū .. tese be gemu <u>yuwan šoo</u> sei hoki seme fiktu arame wafi boigon talaha de . ulin menggun ududu tumen bahambi kai .. <u>dung dzo</u> ambula urgunjeme uthai sunja minggan cooha be [unggifi]

그로부터, 동탁은 장안으로의 천도를 내일 즉시 시행한다고 명하였다. 이유가 말하기를, "지금 전량이 적습니다. 그런데 낙양성에는 부유한 사람들이 많이 있습니다. 어찌하여 거두어서 관에 귀속시키지 않으십니까? 그들을 모두 원소의 무리라고 구실 삼아서 죽이고 가산을 몰수하면 재물과 은 수만을 얻습니다." 동탁은 크게 기뻐하며 즉시 오천 군사를 [보냈다.]

於是卓下令遷都, 來日便行. 李儒曰："今錢糧缺少, 洛陽富戶極多, 何不收入官, 但是袁紹等宗黨, 尋出殺之, 而抄其家資, 必得巨萬." 卓大喜, 卽差鐵騎五千.

tereci dung dzo . cang an de gurime
그로부터 董卓은　　　　長安 에 이전하기
於是卓下令遷都

cimaha uthai jurambi seme selgiyehe ..
　내일　즉시 출발한다 고　布告하였다.
來日便行

li žu hendume . te ciyanliyang komso ..
李儒가 말하되　지금　錢糧　적습니다.
李儒曰今錢糧缺少

lo yang hecen de bayan niyalma labdu bi ..
　洛陽　城 에 부유한　사람　많이 있습니다.

洛陽富戶極多

ainu bargiyafi . sidende dosimburakū ..
어째서 거두어   公에 歸屬시키지 않습니까?
何不收入官

tese be gemu yuwan šoo sei hoki seme
그들 을 모두   袁紹   等의 宗黨 이라며
但是袁紹等宗黨尋出殺之

fiktu arame wafi boigon talaha de .
핑계   삼아 죽이고 家財   籍沒하면
而抄其家資

ulin menggun ududu tumen bahambi kai ..
재물   銀   許多   萬   얻게 되나이다.
必得巨萬

dung dzo ambula urgunjeme
  동탁은   크게   기뻐하며
卓大喜

uthai sunja minggan cooha be [unggifi] [9a]
  즉시   五   千   군사 를 [보냈고]
卽差鐵騎五千

권2-3회(총13회) 번역

[卷二-3回]

> joo dz lung . pan ho bira de ambula afaha ..
> 趙子龍은　　磐河　河에서　크게　싸웠다.
> 趙子龍磐河大戰

[jiyangjiyūn yuwan ben ts'u be solime] ganafi jeo i weile be emgi icihiyaha de tere urunakū jiyangjiyūn be kunduleme . gung sun dzan be buya jusei adali tuwambi .. han fu uthai biyei jiya hafan guwan ji be takūrafi . yuwan šoo be solime ganaha .. jang s'y hafan geng u tafulame hendume . yuwan š oo emhun beye mohoho cooha . muse de akdafi banjimbi .. duibuleci . huhuri jui huhun lakcaha de omihon bucere gese . ai turgun jeo i weile be afabuki sembi .. uttu oci tasha be gajifi honin i feniyen de sindara adali kai .

[장군께서 원본초를 청하여] 데려와 고을의 일을 함께 처리하면 그가 반드시 장군을 대접하며 공손찬을 어린 아이들같이 볼 것입니다." 한복은 즉시 별가 벼슬의 관기를 파견하여 원소를 청하여 데리러 갔다.

장사 벼슬의 경무가 간하여 말하기를, "원소는 고독한 몸, 궁한 군사로 우리에게 의존해 살아가고 있습니다. 비유하자면 젖 먹는 아이가 젖이 끊어지면 굶어 죽는 이치와 같습니다. 무슨 연유에서 고을의 일을 맡기려 하십니까? 이렇게 하면 범을 데려와 양의 무리에 놓는 것 같습니다."

[將軍可請本初]同治州事, 彼必厚待將軍, 視公孫瓚如兒戲耳." 韓馥卽差別駕關紀去請袁紹. 長史耿武諫曰:"袁紹孤客窮軍, 仰我鼻息, 譬如嬰孩, 絶其乳哺, 立可餓死. 奈何欲以州事委之? 此是引虎入羊羣耳."

[jiyangjiyūn . yuwan ben ts'u be solime] ganafi
　　장군께서　　　袁　　本初　를 請하여 데려와
[將軍可請本初]

jeo i weile be emgi icihiyaha de
州 의 일　을 함께 처리하였을 적에
同治州事

tere urunakū jiyangjiyūn be kunduleme .
그가　반드시　　장군　　을　대접하며
彼必厚待將軍

gung sun dzan be buya jusei adali tuwambi ..
　公孫瓚　　을 어린 아이들 같이 볼 것입니다.
視公孫瓚如兒戲耳

han fu uthai biyei jiya hafan guwan ji be takūrafi .
韓馥은 즉시　　別駕　벼슬　關紀¹ 를 파견하여
韓馥卽差別駕關紀

yuwan šoo be solime ganaha ..
　袁紹　를 請하여 데리러 갔다.
去請袁紹

jang s'y hafan geng u tafulame hendume .
　長史　벼슬　耿武가　諫하여　말하되
長史耿武諫曰

yuwan šoo emhun beye mohoho cooha .
　袁紹는　혼자　몸　窮한　군사
袁紹孤客窮軍

muse de　akdafi　banjimbi ..
　우리 에게 의지해 살고 있습니다.
仰我鼻息

duibuleci . huhuri jui huhun lakcaha de
　비유하면　젖먹는 아이　젖　끊어졌을 적에
譬如嬰孩絶其乳哺

・・・・・・・・・・・・・・・・・・・・・・・
1 '關紀'는 판본에 따라 '關純'으로도 나오는데, 이탁오본은 '關紀'로 되어 있다. 陳 壽의 『三國志』에는 '閔純'이라는 人名으로 나온다.

omihon bucere gese .
　　굶어　　죽는　것 같습니다.
立可餓死

ai　turgunde jeo i weile be afabuki sembi ..
　무슨　까닭에　州 의　일　을 맡기고자 하십니까?
奈何欲以州事委之

uttu　　oci tasha be gajifi
이렇게 되면　범　을 데려와
此是引虎

honin i feniyen de sindara adali kai . [33b]
　羊　의　무리　에 놓는 것　같습니다.
入羊羣耳

han fu hendume . bi seci yuwan hala i fe hafan . erdemu geli yuwan ben ts'u de isirakū .. julgei niyalma hono saisa be sonjofi anabume buhebi . suwe ainu silhidambi .. geng u i jergi urse ji jeo hecen be gaibuha seme gasandume gisurehe .. gūsin funcere niyalma hafan nakafi genehe .. damu geng u . guwan šun . hecen i tule buksifi . yuwan šoo i jidere be aliyame bisire de . emu udu inenggi oho akū yuwan šoo isinjiha manggi . geng u . guwan šun . loho jafafi [okdome tucifi]

한복이 말하기를, "나로 말하면 원씨의 옛 관리이며, 재주 또한 원본초에 미치지 못한다. 옛날 사람은 오히려 현자를 간택하여 양위하여 주었다. 그대들은 어찌하여 시기하는가?" 경무 등의 무리들은 기주성을 양보했다고 원망하여 말하였다. 30여 사람이 벼슬을 그만두고 떠났다. 다만 경무·관순이 성의 밖에 매복하여 원소 오기를 기다리고 있을 때에, 며칠 되지 않아서 원소가 도착하니 경무와 관순이 칼을 잡고 [맞이하여 나왔다.]

馥曰:"吾乃袁氏之故吏, 才能又不如本初. 古人尚擇賢者而讓之, 諸君何嫉妬焉?" 耿武等皆歎曰:"冀州休矣!" 其棄職而去者三十餘人. 獨耿武關純伏於城外以待袁紹. 不數日請紹至, 耿武關純拔刀而出.

    han fu hendume . bi seci   yuwan hala i fe hafan .
    韓馥이 말하되   나로 말하면   袁   氏 의 옛 관리,
    馥曰吾乃袁氏之故吏

    erdemu geli yuwan ben ts'u de isirakū ..
    才能 또한   袁   本初   에 미치지 못한다.
    才能又不如本初

    julgei niyalma hono saisa be sonjofi anabume buhebi .
    옛적의 사람은 오히려 賢者 를 선발하여 양위하여 주었다.
    古人尚擇賢者而讓之

suwe   ainu   silhidambi ..
그대들은 어찌하여 시샘하는가?
諸君何嫉妬焉

geng u i jergi urse
 耿武 의 等 무리
耿武等

ji jeo hecen be gaibuha seme gasandume gisurehe ..
冀州 城 을 양보했다 며   원망하여 말하였다.
皆歎曰冀州休矣

gūsin funcere niyalma hafan nakafi genehe ..
 30   남짓   사람   벼슬 그만두고 갔다.
其棄職而去者三十餘人

damu geng u . guwan šun . hecen i tule buksifi .
 다만 耿武   關純은   城 의 밖 매복하고
獨耿武關純伏於城外

yuwan šoo i jidere be aliyame bisire de .
  袁紹   의 오는것을 기다리며 있을 적에
以待袁紹

emu udu inenggi oho akū yuwan šoo isinjiha manggi .
 한   몇   일   되지 않아서 袁紹가   도착한   뒤

不數日請紹至

geng u . guwan šun . loho jafafi [okdome tucifi] [34a]
耿武　　關純이　　환도　잡고　맞이하여 나와서
耿武關純拔刀而出

[34b, 35a 없음]

hendume . be . dung cenghiyang ni boo i jiyangjiyūn sa seme
gung sun yuwei be gabtame waha .. dahaha urse burlame
tucifi gung sun yuwei wabuha be . gung sun dzan de alaha
manggi . gung sun dzan ambula jili banjifi hendume .. si
mimbe holtome cooha ili sefi dorgi deri ji jeo be hūlhame gaifi
geli dung dzo i cooha seme nememe mini deo be waha .. ere
kimun be karularakū ci ojorakū sefi . cooha be wacihiyame
ilibufi ji jeo be afame juraka ..

말하기를, "우리는 동승상 집의 장수들이다."라며 공손월을 화살을 쏴서 죽였다. 따라갔던 무리들이 도망쳐 나와서 공손월이 살해된 것을 공손찬에게 알리니, 공손찬이 크게 화를 내고 말하기를, "네 나를 속여 군사를 일으키라 하고, 안으로 기주를 도적질하고, 또 동탁의 군사라며 도리어 나의 아우를 죽였다. 이 원수를 갚지 않으면 안된다."

하고 군사를 모두 일으켜 기주를 공격하여 출발하였다.

口稱:"吾是董丞相家將也!"亂箭射死公孫越. 從人逃命回, 見公孫瓚, 報越已死. 公孫瓚大怒曰:"汝誘我起兵奪韓馥, 就裏取事如此, 暗取冀州. 今又詐董卓兵, 射死吾弟, 此冤如何不報!"

hendume .
 말하되
口稱

be . dung cenghiyang ni boo i jiyangjiyūn sa seme
우리 董 승상 의 집의 장수 들 이라며
吾是董丞相家將也

gung sun yuwei be gabtame waha ..
 公孫越 을 화살쏘아 죽였다.
亂箭射死公孫越

dahaha urse burlame² tucifi gung sun yuwei wabuha be .
따라갔던 무리가 도망쳐 나와서 公孫越이 살해된 것을
從人逃命回見公孫瓚報越已死

....
2   * cf. burulame

gung sun dzan de alaha manggi .
公孫瓚　　エ게 알리고 나니

gung sun dzan ambula jili banjifi hendume ..
公孫瓚이　　크게　성　내고　말하되
公孫瓚大怒曰

si mimbe holtome cooha　ili　sefi
네 나를　　속여　군사 일으키라 하고
汝誘我起兵奪韓馥

dorgi deri ji jeo be hūlhame gaifi
안　으로 冀州 를　훔쳐　取하고
就裏取事如此暗取冀州

geli dung dzo i cooha seme nememe mini deo be waha ..
또　동탁　의 군사 라며　도리어　나의 아우 를 죽였다.
今又詐董卓兵射死吾弟

ere kimun be karularakū ci ojorakū sefi .
이　원수　를　갚지 않으면　안된다 하고,
此冤如何不報

cooha be wacihiyame ilibufi ji jeo be afame　juraka ..
군사 를　모조리　일으켜 冀州 를 공격하여 출발하였다.
盡起本部軍兵殺奔冀州來

yuwan šoo . gung sun dzan i cooha jidere be donjifi . cooha gaifi okdome tucifi .. juwe cooha pan ho bira de acafi . yuwan šoo i cooha kiyoo i dergi ergide faidaha gung sun dzan i cooha kiyoo i wargi ergide faidaha .. gung sun dzan kiyoo i ninggude ilifi den jilgan i hūlame jurgan be cashūlaha aha ainu saburakū .. yuwan šoo morin be dabkime kiyoo i hanci jifi gung sun dzan be jorime hendume han fu erdemu akū ofi ji jeo hecen be minde anabuha si ainu yebelerakū . gung sun dzan hendume . julge lo yang de simbe tondo jurgangga seme geren acafi gashūme da obuha bihe .. te sini yabun be tuwaci . niohe indahūn i adali kai . ai derei abka na i sidende bimbi ..

원소는 공손찬의 군사가 온다는 것을 듣고, 군사를 이끌고 맞서 나섰다. 양 군사가 반하에서 만나, 원소의 군사는 다리의 동편에 진을 쳤고, 공손찬의 군사는 다리의 서편에 진을 쳤다. 공손찬이 다리의 위에 서서 큰 소리로 외쳐서, "의를 배반한 놈은 어찌하여 나타나지 않느냐?" 원소는 말을 박차고 다리 가까이 와서 공손찬을 지적하며 말하기를, "한복이 재주 없어 기주 성을 내게 양보했는데, 네가 어찌하여 기꺼워하지 않느냐?" 공손찬이 말하기를, "옛적에 낙양에서 너를 충의지사라며 여러 제후들이 만나서 맹주로 삼았었다. 지금 네 소행을 보면 이리나 개와 같도다. 무슨 낯으로 천지간에 있는가?"

紹知瓚兵來, 領一軍出. 二軍會於磐河之上. 紹軍於磐河橋東布陣, 瓚軍於橋西布陣. 瓚乃立馬於橋上大呼曰："背義之徒, 如何不見？"

紹亦策馬於橋邊,指瓚曰:"韓馥無才,冀州願讓與吾,爾何不平耶?"
瓚曰:"昔日洛陽以汝爲忠義之人,推爲盟主,今之所爲,眞狼心狗倖
之徒,尙何面目立於天地之間!"

yuwan šoo . [35b]
　　袁紹는

gung sun dzan i cooha jidere be donjifi .
　　公孫瓚　　의 군사　오는 것을 듣고,
紹知瓚兵來

cooha gaifi okdome tucike ..
　　군사 이끌고　맞아　나섰다.
領一軍出

juwe cooha pan ho bira de acafi .
　兩　군사　磐河　河 에서 만나
二軍會於磐河之上

yuwan šoo i cooha kiyoo i dergi ergide faidaha
　　袁紹　의 군사 다리 의　東　　편에　陳쳤고,
紹軍於磐河橋東布陣

gung sun dzan i cooha kiyoo i wargi ergide faidaha ..
　　공손찬　　의 군사 다리 의　西　편에　陳쳤다.

瓚軍於橋西布陣

gung sun san³ kiyoo i ninggude ilifi den jilgan i hūlame
　公孫瓚이　　다리 의　위에　　서서 높은 소리 로 외치되
瓚乃立馬於橋上大呼曰

jurgan be cashūlaha aha ainu　saburakū ..
　義　　를　배반한　　놈 어찌하여　보이지 않느냐?
背義之徒如何不見

yuwan šoo morin be dabkime kiyoo i hanci jifi
　袁紹는　　말　을 박차고　다리 의 가까이 와서
紹亦策馬於橋邊

gung sun dzan be jorime hendume
　公孫瓚　　을 지적하며 말하되
指瓚曰

han fu erdemu akū ofi
韓馥이　才能　없어서
韓馥無才

ji jeo hecen be minde anabuha　si [36a]
　冀州　城　을 내게 양보했는데, 너는

....
3　* cf. dzan

冀州願讓與吾

ainu   yebelerakū .
어찌하여 기꺼워하지 않느냐?
爾何不平耶

gung sun dzan hendume .
　　公孫瓚이　　　말하되
瓚曰

julge lo yang de simbe tondo jurgangga seme
옛적에 洛陽 에서 너를　忠　義로운 이　라며
昔日洛陽以汝爲忠義之人

geren acafi gashūme da obuha bihe ..
여럿 만나서 맹세하며 主 삼았던 것이었다.
推爲盟主

te sini yabun be tuwaci . niohe indahūn i adali kai .
지금 네 소행 을 보면　　이리　개 와 같도다.
今之所爲眞狼心狗倖之徒

ai derei abka na i sidende bimbi ..
무슨 낯으로 하늘 땅 의 사이에　있는가?
尙何面目立於天地之間

yuwanšoo ambula jili banjifi hendume . ere be we tucifi jafambi . gisun wajire onggolo wen ceo morin be dabkime gida be dargiyafi kiyoo i ninggude tafame jidere be . gung sun dzan kiyoo i dalbade alime gaifi wen ceo i baru afame juwan mudan oho akū .. gung sun dzan alime muterakū morin maribufi ini faidan de dosika .. wen ceo amcame faidan de dosifi hetu undu wame yaburengge niyalma akū babe yabure adali .. gung sun dzan i fejergi duin jiyangjiyūn sasa tucifi afara de . wen ceo emu jiyangjiyūn be gidalame tuhebure jakade . jai ilan jiyangjiyūn gemu burulaha ..

원소가 크게 화를 내고 말하기를, "저 놈을 누가 나가서 잡아오겠느냐?" 말이 끝나기 전에 문추가 말을 박차고 창을 들고 다리의 위에 올라오는 것을 공손찬이 다리 곁에서 맞받아 가지고 문추를 상대하여 싸우지만 10회를 넘지 못하였다. 공손찬은 당해내지 못하고 말을 돌려서 그의 진지로 들어갔다. 문추가 추격하여 진지에 들어가 종횡으로 죽이며 다니는 것이 무인지경을 다니는 것 같았다. 공손찬의 수하 네 장수가 일제히 나와 싸울 때에 문추가 한 장수를 창으로 찔러 떨어뜨리니, 다시 세 장수가 모두 달아났다.

袁紹大怒曰：“誰可以擒之？”言未畢，文醜策馬挺鎗，直殺上橋，公孫瓚就橋邊與文醜交鋒．戰不到十餘合，瓚抵當不住，撥回馬便走．文醜追趕入陣中，如入無人之境，往來在陣中厮殺．瓚手下健將四員齊戰，被文醜一鎗刺一將下馬，三將奔走．

yuwanšoo ambula jili banjifi hendume .
袁紹가   크게 성   내고 말하되
袁紹大怒曰

ere be we   tucifi jafambi . gisun wajire onggolo
이 를 누가 나가서 잡겠느냐?   말 끝나기   전에
誰可以擒之言未畢

wen ceo morin be dabkime gida be dargiyafi
文醜가   말   을 박차고   창 을 들고
文醜策馬挺鎗

kiyoo i ninggude tafame jidere be .
다리 의 위에   올라 오는 것을
直殺上橋

gung sun dzan kiyoo i dalbade alime gaifi
公孫瓚이   다리 의 옆에서 받아 가지고
公孫瓚就橋邊

wen ceo i baru afame juwan [36b] mudan oho akū ..
文醜 를 對하여 싸워   10   회   되지 않는다.
與文醜交鋒戰不到十餘

gung sun dzan alime muterakū
公孫瓚은   당하지 못하고
合瓚抵當不住

morin maribufi ini faidan de dosika ..
말　　돌려서　그의 진지　에 들어갔다.
撥回馬便走

wen ceo amcame faidan de dosifi
文醜가 추격하여　진지　에 들어가
文醜追趕入陣中

hetu undu wame yaburengge
橫　　竪　　죽이며　다니는 것이
如入無人之境

niyalma akū babe yabure　adali ..
사람　　없는 곳을 다니는 것 같았다.
往來在陣中厮殺

gung sun dzan i fejergi
　　　公孫瓚　　의 아래
瓚手下

duin jiyangjiyūn sasa tucifi afara de .
네　　　장수　　일제히 나와 싸울 적에
健將四員齊戰

wen ceo emu jiyangjiyūn be gidalame tuhebure jakade .
　文醜가　한　　　장수　　를 창 찔러 떨어뜨리는 故로
被文醜一鎗刺一將下馬

jai ilan jiyangjiyūn gemu burlaha⁴ ..
다시 세　　장수　　　모두　달아났다.
三將奔走

wen ceo uthai gung sun dzan be baime yabure de . gung sun dzan faidan be waliyafi alin i holo i baru burulaha .. wen ceo morin be dakime den jilgan i hūlame morin ci ebufi hūdun daha seme amcarade . gung sun dzan golofi beri sirdan saca be gemu na de tuhebuhe .. uju funiyehe be sindafi alin i meifehe be šurdeme burulara de .. morin i julergi bethe budurefi . gung sun dzan meifehe fejile tuheke ..

문추가 즉시 공손찬을 찾아갈 때에, 공손찬은 진지를 버리고 산골짜기를 향하여 달아났다. 문추가 말을 박차며 큰 소리로 외쳐, "말에서 내려서 빨리 항복하라!"며 추격할 때에, 공손찬이 놀라서 활과 화살 및 투구를 모두 땅에 떨어뜨렸다. 머리카락을 풀어헤치고 산비탈을 선회하여 달아날 때에, 말의 앞발이 걸려서 공손찬은 산비탈 아래로 떨어졌다.

文醜直尋公孫瓚, 瓚棄陣從山谷而逃. 文醜驟馬, 厲聲大呼:"快下馬受降!"瓚慌弓箭盡落, 頭盔墮地, 披髮縱馬, 却轉山坡, 其馬前失, 瓚翻身墮於坡下.

....
4 ＊ cf. burulaha

wen ceo uthai gung sun dzan be baime yabure de .
　文醜가　즉시　　　公孫瓚　　을 찾아　갈 적에
文醜直尋公孫瓚

gung sun dzan faidan be waliyafi
　公孫瓚은　　　진지 를　버리고
瓚棄陣

alin i holo i baru burlaha⁵ .. [37a]
山 의 골짜기 를 향하여 달아났다.
從山谷而逃

wen ceo morin be dakime den jilgan i hūlame
　文醜는　　말　을 박차며 높은 소리 로 외쳐
文醜驟馬厲聲大呼

morin ci ebufi hūdun daha seme amcarade .
　말 에서　내려　빨리 항복하라 며 추격할 적에
快下馬受降

gung sun dzan golofi beri sirdan
　公孫瓚은　　놀라서　활　화살
瓚慌弓箭盡落

・・・・・・・・・・・・・・・・・・・・・
5　* cf. burulaha

saca be gemu na de tuhebuhe ..
투구 를 모두 땅 에 떨어뜨렸다.
頭盔墮地

uju funiyehe be sindafi
頭　　髮　　을　풀고
披髮

alin i meifehe be šurdeme burlara[6] de ..
山 의　비탈　을　旋回하여 달아날 적에
縱馬却轉山坡

morin i julergi bethe budurefi[7] .
　말 의　앞　　발　걸려서
其馬前失

gung sun dzan meifehe fejile tuheke ..
　公孫瓚은　　산비탈　아래 떨어졌다.
瓚翻身墮於坡下

wen ceo amcanjifi gidalaki serede . meifehe i hashū ergici emu jiyangjiyūn tucijihe . beye de uksin saca akū gida be dargiyafi wen ceo be bahame dosika .. juwe nofi ishunde afara sidende .

6　* cf. burulara
7　* cf. buldurimbi

gun sun dzan meifehe be micume tafafi . tere se asihan jiyangjiyūn be tuwaci . wen ceo i baru ambula afame susai ninju mudan otolo yaya etere anaburakū bisire de . gung sun dzan i aisilara cooha isinjiha manggi . wen ceo uthai morin maribufi genehe .. tere se asihan jiyangjiyūn inu amcahakū

문추가 추격해 와서 창을 찌르고자 할 때에, 산비탈의 좌측에서 한 장수가 나왔는데, 몸에 갑옷과 투구없이 창을 들고 문추를 바라고 들어갔다. 두 사람이 서로 싸우는 사이에 공손찬이 산비탈을 기어 올라가 그 나이 어린 장수를 보니, 문추와 더불어 크게 싸우기 5, 60회 이르도록 모두 승부를 내지 못하고 있을 때에, 공손찬의 구원하는 군사가 도착하니 문추는 즉시 말을 돌려서 갔다. 그 나이 어린 장수 또한 추격하지 않았다.

文醜急捻鎗來刺, 草坡左側轉出一將, 頭無鎧甲, 急捻鎗直取文醜. 兩馬相交, 公孫瓚扒上坡去, 看那箇少年大戰文醜五六十合, 勝負未分, 瓚部下救軍到, 文醜撥回馬去了. 那少年也不趕去.

  wen ceo amcanjifi gidalaki serede .
   文醜가 추격해 와서 창 찌르고자 할 적에
  文醜急捻鎗來刺

  meifehe i hashū ergici emu jiyangjiyūn tucinjihe .
   산비탈 의 좌 측에서 한   장수 나왔는데,

草坡左側轉出一將

beye de uksin saca akū gida be dargiyafi
몸 에 갑옷 투구 없이 창 을 들고
頭無鎧甲急捻鎗

wen ceo be bahame [37b] dosika ..
文醜 를 바라고 들어갔다.
直取文醜

juwe nofi ishunde afara sidende .
두 사람 서로 싸우는 사이에
兩馬相交

gun sun dzan meifehe be micume tafafi .
公孫瓚이 산비탈 을 기어서 올라가
公孫瓚扒上坡去

tere se asihan jiyangjiyūn be tuwaci .
그 나이 어린 장수 를 보니
看那箇少年

wen ceo i baru ambula afame susai ninju mudan otolo
文醜 를 對하여 크게 싸우기 50 60 회 이르도록
大戰文醜五六十合

yaya etere anaburakū bisire de .
모두 이기고 짐 없이   있을 적에
勝負未分

gung sun dzan i aisilara cooha isinjiha manggi .
    公孫瓚   의 救援하는 군사 도착한   뒤
瓚部下救軍到

wen ceo uthai morin maribufi genehe ..
 文醜는 즉시   말   돌려서   갔다.
文醜撥回馬去了

tere se asihan jiyangjiyūn inu amcahakū
 그 나이 어린   장수   또한 추격하지 않았다.
那少年也不趕去

gung sun dzan meifehe ci wasifi . se asihan jiyangjiyūn i gebu hala be fonjiha tere niyalma beye den jakūn c'y . faitan huweki . yasa amba . dere onco . sencihe jursu . ambula horonggo eldengge banjihabi .. cang san . jen ding ni ba i niyalma .. cang san . te bejing ni harangga jen ding fu inu .. hala joo . gebu yūn . tukiyehe gebu dz lung ..

공손찬이 산비탈에서 내려와 나이 어린 장수의 이름과 성을 물었다.

그 사람은 신장이 8척이고, 눈썹이 짙고 눈이 크며 얼굴은 너르고 턱은 두 턱져서, 대단히 위엄있고 늠름하였다. 상산 - 지금 북경 소속 진정부 - 진정 땅의 사람으로 성은 조, 이름은 운, 자는 자룡이다.

公孫瓚下土坡, 問少年姓名. 其人身長八尺, 濃眉大眼, 濶面重頤, 相貌堂堂, 威風凜凜. 常山眞定人也. 常山今北京眞定府. 姓趙, 名雲, 字子龍.

    gung sun dzan meifehe ci wasifi .
       公孫瓚이   산비탈 에서 내려와
    公孫瓚下土坡

    se asihan jiyangjiyūn i gebu hala be fonjiha
    나이 어린   장수   의 이름 姓 을 물었다.
    問少年姓名

    tere niyalma beye den jakūn c'y .
    그 사람   身長   8   尺,
    其人身長八尺

    faitan huweki . [38a] yasa amba .
    눈썹 짙고   눈 크며
    濃眉大眼

dere onco . sencihe[8] jursu .
얼굴 너르고   턱   두 턱져서,
濶面重頤

ambula horonggo eldengge banjihabi ..
대단히 위엄있고 늠름하게 생겼다.
相貌堂堂威風凛凛

cang san . jen ding ni ba i niyalma ..
  常山   眞定   의 땅 의 사람
常山眞定人也

cang san . te bejing ni harangga jen ding fu inu ..
  常山   지금 北京 의   소속   眞定 府 이다.
常山今北京眞定府

hala joo . gebu yūn . tukiyehe gebu dz lung ..
姓은 趙   이름은 雲   字는   子龍이다.
姓趙名雲字子龍

gung sun dzan hendume . jiyangjiyūn aibaci jifi mini ergen be tucibuhe .. joo yūn hendume .. bi daci yuwan šoo i fejergi niyalma bihe . yuwan šoo han be wehiyere . irgen de tusa

....
8 ＊ cf. sencehe

arara mujilen akū be safi cohome dahame jihe .. jabšan de ubade acaha .

공손찬이 말하기를, "장군은 어디에서 와서, 내 목숨을 구하여 주었소?" 조운이 말하기를, "저는 본래 원소의 수하 사람이었는데, 원소에게 황제를 보좌하고 백성들에게 은택을 베푸는 마음이 없는 것을 알고 특별히 귀의하여 왔습니다. 다행히도 여기에서 만나게 되었나이다."

瓚曰：＂將軍自何來救我一命？＂雲曰：＂某本袁紹轄下之人，今見袁紹無匡扶救民之心，特來相投，不期此處相見．＂

    gung sun dzan hendume .
       公孫瓚이　　말하되
    瓚曰

    jiyangjiyūn aibaci　jifi mini ergen be tucibuhe ..
      장군은　어디에서 와서 나의　목숨　을 구해줬는가?
    將軍自何來救我一命

    joo yūn hendume .
      趙雲이　말하되
    雲曰

bi daci yuwan šoo i fejergi niyalma bihe .
내 본래   袁紹   의 수하   사람이었는데
某本袁紹轄下之人

yuwan šoo han be wehiyere .
  袁紹가   황제 를 보좌하고
今見袁紹無匡扶

irgen de tusa arara
백성 에게 혜택 베푸는
救民之心

mujilen akū be safi cohome dahame jihe ..
  마음   없음 을 알고 특별히 귀의하여 왔다.
特來相投

jabšan de ubade acaha .
  행운 에 여기에서 만났다.
不期此處相見

gung sun dzan . joo yūn i gala be jafafi hendume bi donjici wesihun ba i niyalma gemu hungkereme yuwan šoo de dahahabi .. gung ainu emhun minde dahame jihe .. joo yūn hendume te abkai fejergi ambula facuhūrafi irgen gemu fudasihūn lakiyaha gese jobolon ohobi .. gosin jurgangga ejen be baifi abkai fejergi be taifin obuki sembi .. yuwan hala be urhudefi . genggiyen ejen de dahara teile waka ..

공손찬은 조운의 손을 잡고 말하기를, "내 듣자하니 귀 지역의 사람들은 모두 쏟아 붓듯이 원소에게 귀의하였는데, 공은 어찌 홀로 내게 귀의하여 왔소이까?" 조운이 말하기를, "지금 천하가 크게 어지러워지고, 백성이 모두 거꾸로 매달린 것 같은 재난 당하였습니다. 인의로운 주인을 구하여 천하를 편안케 하고자 하는 것이오. 원소를 저버리고 밝은 주인에게 귀의하려는 것만은 아니외다."

瓚執雲手曰：" 聞貴郡之人皆願傾心以投袁紹, 公何獨回心見某也?" 雲曰：" 方今天下訩訩, 民有倒懸之危, 願從仁義之主以安天下. 非特背袁氏以投明主."

   gung sun dzan . joo yūn i gala be jafafi [38b] hendume
    公孫瓚은 趙雲 의 손 을 잡고   말하되
  瓚執雲手曰

   bi donjici wesihun ba i niyalma
    내 들으니 貴 지역 의 사람
  聞貴郡之人

   gemu hungkereme yuwan šoo de dahahabi ..
    모두 쏟아 붓듯이 袁紹 에게 귀의하였다.
  皆願傾心以投袁紹

gung ainu emhun minde dahame jihe ..
公은 어찌 홀로   내게 귀의하여 왔는가?
公何獨回心見某也

joo yūn hendume te abkai fejergi ambula facuhūrafi
趙雲이   말하되 지금 하늘의 아래   크게 어지러워지고
雲曰方今天下訩訩

irgen gemu fudasihūn lakiyaha gese jobolon ohobi ..
백성   모두   거꾸로   매달린 것 같은   재난 되었습니다.
民有倒懸之危

gosin jurgangga ejen be baifi
  仁   義   주인 을 구하여
願從仁義之主

abkai fejergi be taifin obuki sembi ..
하늘의 아래 를 편안케 하고자 합니다.
以安天下

yuwan hala be urhudefi⁹ .
  袁   氏 를 저버리고
非特背袁氏

....
9 * cf. urgedembi

genggiyen ejen de dahara teile waka ..
밝은 　　　주인　에게 귀의하는 것만은 아니다.
以投明主

gung sun dzan ambula urgunjeme emgi gajime ing de bederefi cooha be dasataha .. jai inenggi geli emu boco i suru morin yaluha juwe minggan cooha be gaifi kiyoo i jakade isinjifi faidan faidaha .. gung sun dzan moringga cooha be juwe fiyentehe banjibufi yafahan coohai juwe dalbade faidaha .. hashū ici ergide moringga cooha sunja minggan funcembi .. terei dolo suru morin amba dulin bi .. gung sun dzan . ciyang hū i baru afara fonde . gemu suru morin be sonjofi . siyan fung obufi . suru morin i jiyangjiyūn seme gebulere jakade . ciyang hū i cooha suru morin be sabume uthai burulambihe .. tuttu suru morin ambula ..

공손찬은 크게 기뻐하며 함께 데려와 영채로 물러나서 군사를 정돈하였다. 이튿날 다시 한 색깔의 백마를 탄 2천 군사를 이끌고 다리의 근처에 도착하여 진을 쳤다. 공손찬은 기마 군사를 두 부대로 편성하여 보병의 양옆에 정렬하였다. 좌우측에 기마 군사 5천여인데, 그 가운데 백마가 태반이다. 공손찬이 강족 오랑캐와 더불어 싸울 때에, 모두 백마를 골라서 선봉 삼고 백마장군이라고 이름 부른 까닭에, 강족 오랑캐 군사는 백마를 보면 즉시 달아났다. 그리하여 백마가 많았다.

瓚大喜, 遂同歸寨, 整頓甲兵. 次日, 一色白馬二千疋, 哨到界橋, 布成陣勢, 瓚將軍分作兩隊, 列於步兵之側, 左右馬五千餘疋, 其中大半皆是白馬. 因公孫瓚多與羌胡戰, 盡選白馬爲先鋒, 號爲'白馬將軍'. 羌胡但見白馬便走, 因此白馬多.

gung sun dzan ambula urgunjeme
　　公孫瓚은　　　크게　기뻐하며
瓚大喜

emgi gajime ing de bederefi cooha be dasataha ..
함께　데려와　營寨에　물러나　군사를　整頓하였다.
遂同歸寨整頓甲兵

jai inenggi geli emu boco i [39a]
다음 날　또　한　색깔의
次日一色

suru morin yaluha juwe minggan
　白　　馬　　 탄　　 二　　 千
白馬二千疋

cooha be gaifi kiyoo i jakade isinjifi faidan faidaha ..
　군사를 이끌고 다리의 근처에 도착하여　陣　쳤다.
哨到界橋布成陣勢

gung sun dzan moringga cooha be juwe fiyentehe banjibufi
　公孫瓚은　　　말탄　군사를　두　　隊　　편성하여
瓚將軍分作兩隊

yafagan10 coohai juwe dalbade faidaha ..
　步　　兵의　두　옆에　　陳쳤다.
列於步兵之側

hashū ici ergide moringga cooha sunja minggan funcembi ..
　左　右　측에　말탄　군사　五　　千　　남짓이다.
左右馬五千餘疋

terei dolo suru morin amba dulin bi ..
　그의　內　白　馬　　큰　절반　있다.
其中大半皆是白馬

gung sun dzan . ciyang hū i baru afara fonde .
　公孫瓚이　　　　　羌胡　를 對하여 싸울 시절에
因公孫瓚多與羌胡戰

gemu suru morin be sonjofi . siyan fung obufi .
　모두　白　　馬　를 골라서　先　　鋒　　삼고
盡選白馬爲先鋒

10　* cf. yafahan

suru morin i jiyangjiyūn seme gebulere jakade .
白　　馬　의　　장군　　하며 이름부른　故로
號爲白馬將軍

ciyang hū i cooha suru morin be [39b]
　羌胡　의 군사　白　　馬　를
羌胡但見白馬便走

sabume uthai burlambihe11 ..
　보고　즉시　달아났었다.

tuttu suru morin ambula ..
그래서 白　　馬　　많았다.
因此白馬多

yuwan šoo yan liyang . wen ceo be siyan fung obufi emte minggan nu beri jafaha cooha bufi hashū ici ergide obufi . gung sun dzan i hashū ici ergi be gabta seme afabuha .. cioi i be dulimbade obufi . beri jafaha cooha jakūn tanggū . yafagan cooha emu tumen sunja minggan bufi dulimbade muheliyen faidan faidabuha .. yuwan šoo ini beye emu udu tumen cooha gaifi amala dame iliha ..

....
11　* cf. burulambihe

원소는 안량·문추를 선봉 삼고, 각각 궁노수 1천 군사를 주어 좌우 삼고, 공손찬의 좌우측을 쏘라고 하였다. 국의를 중앙에 두고, 활 든 군사 8백, 보병은 1만 5천을 주고, 중앙에 원형 진을 치게 하였다. 원소 그 자신은 몇 만 군사를 데리고 후방에서 접응하였다.

紹令顔良·文醜爲先鋒, 各引弓弩手一千, 分作左右, 令在左者射公孫瓚左, 在右者射公孫瓚右. 中間麴義, 引八百弓手, 步兵一萬五千, 列圓陣於中. 袁紹自引軍數萬, 於後接應.

      yuwan šoo yan liyang . wen ceo be siyan fung obufi
           袁紹는   顔良   文醜를 先 鋒 삼고
紹令顔良文醜爲先鋒

      emte minggan nu beri jafaha cooha bufi
        각각   千   弩   활 잡은 군사 주어
各引弓弩手一千

      hashū ici ergide obufi .
        左   右 측에   삼고
分作左右

      gung sun dzan i hashū ici ergi be gabta seme afabuha ..
        公孫瓚 의 左 右 측을 쏘라 고   맡겼다.
令在左者射公孫瓚左, 在右者射公孫瓚右

cioi i be dulimbade obufi .
麴義 를   가운데에   삼고
中間麴義

beri jafaha cooha jakūn tanggū .
활 잡은 군사   八   百
引八百弓手

yafagan cooha emu tumen sunja minggan bufi
 步   兵   一   萬   五   千   주고
步兵一萬五千

dulimbade muheliyen faidan faidabuha ..
 가운데에   둥그런   陣   치게 하였다.
列圓陣於中

yuwan šoo ini beye emu udu tumen cooha gaifi
 袁紹   그의 몸 한 몇   萬   군사 데리고
袁紹自引軍數萬

amala dame   iliha ..
 뒤 구원하여 섰다.
於後接應

gung sun dzan . joo yūn be tuktan bahafi . terei mujilen be sarkū ofi . encu cooha bufi amala obuha .. amba jiyangjiyūn yan g'ang be siyan fung obuha .. ini beye dulimba i cooha be gaifi kiyoo i ninggude iliha .. fulgiyan suje de aisin bithe araha yuwanšuwai tu be dalbade ilibufi muduri erin ci meihe erin de isitala tungken duci . yuwan šoo i cooha latunjirakū cioi i beri jafaha cooha be sirdan be dalire kalkai daldade buksibufi ume aššara seme fafulaha ..

공손찬은 조운을 처음 얻고 그의 속마음을 알지 못하여, 따로 군사를 주어 후위로 삼고 대장 엄강을 선봉 삼았다. 그 자신은 중군을 이끌고 다리의 위에 섰다. 붉은 주단에 금빛 글씨 쓴 원수기를 옆에 세우고, 진시에서 사시에 이르도록 북을 치지만, 원소의 군사는 침범하지 않는다. 국의는 활을 든 군사를 화살을 막는 차전패 아래에 매복시키고 움직이지 말라고 명령하였다.

瓚初得趙雲, 不知心腹, 另領一軍在後. 遣大將嚴綱爲先鋒, 瓚自領中軍, 立馬橋上, 傍堅大紅圈金線'帥'字旗於馬前. 從辰時擂鼓, 直到巳時, 紹軍不進. 麴義令弓手皆伏於遮箭牌下, 號令勿動.

  gung sun dzan . joo yūn be [40a] tuktan bahafi .
   公孫瓚은   趙雲 을   처음 얻고
瓚初得趙雲

terei mujilen be sarkū ofi .
그의   마음 을   몰라서
不知心腹

encu cooha bufi amala obuha ..
따로 군사 주고   뒤   삼았다.
另領一軍在後

amba jiyangjiyūn yan g'ang be siyan fung obuha ..
  大   將   嚴綱   을 先   鋒   삼았다.
遣大將嚴綱爲先鋒

ini beye dulimba i cooha be gaifi kiyoo i ninggude iliha ..
그의 몸 가운데 의 군사 를 이끌고 다리 의   위에   섰다.
瓚自領中軍立馬橋上

fulgiyan suje de aisin bithe araha
 붉은 綢緞 에 金 글 쓴
傍堅大紅圈金線

yuwanšuwai tu be dalbade ilibufi
  元帥   纛 을 옆에 세우고
帥字旗於馬前

muduri erin ci meihe erin de isitala tungken duci .
 辰   時 에서 巳 時 에 이르도록 북   쳐도

從辰時擂鼓直到巳時

yuwan šoo i cooha latunjirakū
袁紹　의 군사　침범하지 않는다.
紹軍不進

cioi i beri jafaha cooha be
麴義는 활　잡은　군사　를
麴義令弓手

sirdan be dalire kalkai daldade buksibufi
화살　을　막는　방패의　隱蔽에　매복시키고
皆伏於遮箭牌下

ume aššara seme fafulaha ..
움직이지 말라　고　명령하였다.
號令勿動

yan g'ang tungken dume kaicame cioi i iliha teisu dosika .. cioi i . yan g'ang ni cooha isinjiha be safi buksiha baci umai aššarakū .. emu udu juwan okson i dubede hanci ome . emgeri poo sindafi beri jafaha jakūn tanggū cooha sasa gabtara jakade . yan g'ang ekšeme bedereki serede cioi i morin dabkime amcanafi yan g'ang be sacime morin ci tuhebuhe ..

엄강은 북치고 고함치며 국의를 곧장 상대하여 진격하였다. 국의는 엄강의 군사가 도달한 것을 알고 매복한 곳에서 전혀 움직이지 않았다. 한 몇 십보 끝날 무렵에 한번 포를 쏘니, 활을 든 8백 군사가 일제히 화살을 쏘는 바람에 엄강이 급히 물러나려는데, 국의가 말을 박차고 추격해 가서 엄강을 베어 말에서 떨어뜨렸다.

嚴綱鼓譟吶喊, 直取麴義. 義見嚴綱軍到, 皆伏而不動. 彷彿有數十步遠, 一聲砲響, 八百弓弩手一齊俱發, 綱急待回, 麴義拍馬起刀, 斬嚴綱於馬下.

　　　　yan g'ang tungken dume kaicame [40b]
　　　　　嚴綱은　　　북　　치고　고함치며
　　嚴綱鼓譟吶喊

　　　　cioi i iliha teisu dosika ..
　　　　麴義를 곧장 상대하여 들어갔다.
　　直取麴義

　　　　cioi i . yan g'ang ni cooha isinjiha be safi
　　　　麴義는　　嚴綱　의 군사 도달한 것을 알고
　　義見嚴綱軍到

　　　　buksiha baci umai aššarakū ..
　　　　　매복한 곳에서 전혀 움직이지 않았다.
　　皆伏而不動

emu udu juwan okson i dubede hanci ome .
한 몇 十 步 의 끝에 가까이 되어
彷彿有數十步遠

emgeri poo sindafi
한번 砲 쏘니
一聲砲響

beri jafaha jakūn tanggū cooha sasa gabtara jakade .
활 잡은 八 百 군사 일제히 화살 쏘는 故로
八百弓弩手一齊俱發

yan g'ang ekšeme bedereki serede
嚴綱이 급히 물러나려 할 적에
綱急待回

cioi i morin dabkime amcanafi
麴義가 말 박차고 추격해 가서
麴義拍馬起刀

yan g'ang be sacime morin ci tuhebuhe ..
嚴綱 을 베어 말 에서 떨어뜨렸다.
斬嚴綱於馬下

gung sun dzan i cooha ambula gidabufi . hashū ici ergi cooha aisilame jidere be yan liyang . wen ceo gabtame ilibuha .. dulimbai cooha sasa tucifi wame kiyoo i dalbade isinjifi cioi i . tu jafaha jiyangjiyūn be waha manggi . gung sun dzan ini tu jafaha niyalma wabuha be safi alime gaifi afaci

공손찬의 군사가 크게 패하자, 좌우측의 군사가 도우러 오는 것을 안량·문추가 화살을 쏘며 저지하였다. 중군이 일제히 나와서 죽이며 다리의 옆에 도달하고, 국의가 깃발 잡은 장수를 죽이니, 공손찬은 그의 깃발을 잡았던 사람 죽은 것을 알고 맞서 싸우지만, 국의가 전혀 물러나지 않자, 말을 돌려서 다리를 내려가 달아났다.

瓚軍大敗. 左右軍欲來, 被顏良·文醜一齊射住. 中軍並起, 直殺到界橋邊. 麴義馬到, 斬執旗將. 公孫瓚見砍倒執旗人, 抵戰麴義不退, 回馬下橋而走.

  gung sun dzan i cooha ambula gidabufi .
   公孫瓚 의 군사 크게 패하니
瓚軍大敗

  hashū ici ergi cooha aisilame jidere be
   左 右 측 군사 도우러 오는 것을
左右軍欲來

yan liyang . wen ceo gabtame ilibuha ..
　顔良　　　文醜가 화살 쏘며 저지하였다.
被顔良文醜一齊射住

dulimbai [41a] cooha sasa tucifi wame
　가운데의　　　군사 일제히 나와 죽이며
中軍並起直殺

kiyoo i dalbade isinjifi
　다리 의　옆에　도달하고
到界橋邊

cioi i . tu jafaha jiyangjiyūn be waha manggi .
麴義가 纛 잡은　장수　를 죽인　뒤
麴義馬到斬執旗將

gung sun dzan ini tu jafaha niyalma wabuha be safi
　　公孫瓚은 그의 纛 잡았던　사람　살해됨 을 알고
公孫瓚見砍倒執旗人

alime gaifi afaci
　받아　가지고 싸우지만,
抵戰

cioi i umai bederekū ofi .
麴義가 전혀　물러나지 않자,

麴義不退

morin maribufi kiyoo be wasifi burlaha[12] ..
　말　　돌려서　　다리　를　내려가 달아났다.
回馬下橋而走

cioi i cooha gaifi amargi cooha be fondolome dosire de emu jiyangjiyūn sunja tanggū cooha gaifi umai aššarakū . gida dargiyafi morin be niolhumbufi cioi i teisu dosika .. tere cang san i bai joo dz lung .. cioi i be okdofi juwan mudan funceme afafi cioi i be gidalame morin ci tuhebuhe .. joo yūn emhun deyerei gese yuwan šoo i cooha de dosifi hashū ici ergi be fondolome yaburengge niyalma akū babe yabure adali .. gung sun dzan cooha gaifi amasi marifi afara jakade . yuwan šoo i cooha ambula gidabuha .. gung sun dzan i cooha amcame jiderede . yuwan šoo i cooha wesihun wasihūn balai facuhū laha ..

국의가 군사를 이끌고 후위 군사를 뚫고 들어갈 때에, 한 장수가 5백 군사를 이끌고 전혀 움직이지 않다가, 창을 들고 말을 도약시켜 국의를 상대하여 들어갔다. 그가 상산 땅의 조자룡이다. 국의를 맞아서 10여 회 싸우고, 국의를 창으로 찔러 말에서 떨어뜨렸다. 조운은 홀로

....
12　* cf. burulaha

나는듯이 원소의 군중에 들어가 좌우측을 뚫으며 다니는 것이 무인지경을 지나는 것 같았다. 공손찬이 군사를 이끌고 뒤로 돌아와 싸우는 바람에 원소의 군사는 크게 패하였다. 공손찬의 군사가 추격해 올 때에 원소의 군사는 동서로 마구 어지러워졌다.

麴義引軍直衝到後軍. 一將引五百軍不動, 挺鎗躍馬, 直取麴義, 乃常山趙子龍也. 截住麴義, 戰到十餘合, 一鎗刺麴義于馬下. 趙雲一騎馬, 飛入紹軍, 左衝右突, 如入無人之境. 公孫瓚引軍殺回, 紹軍大敗, 瓚軍趕過去, 紹軍東西亂竄.

cioi i cooha gaifi amargi cooha be fondolome dosire de
　麴義　군사 이끌고　뒤쪽　군사 를　뚫고　들어갈 적에
麴義引軍直衝到後軍

emu jiyangjiyūn sunja tanggū cooha gaifi
　한　　장수　　五　　百　　군사 이끌고
一將引五百軍

umai aššarakū .
전혀 움직이지 않고,
不動

gida dargiyafi morin be niolhumbufi
　창　들고　말　을　놓아달려서
挺鎗躍馬

cioi i teisu dosika ..
麴義 상대하여 들어갔다.
直取麴義

tere cang san i bai joo dz lung .. [41b]
그가 常山 의 땅의 趙子龍이다.
乃常山趙子龍也

cioi i be okdofi juwan mudan funceme afafi
麴義 를 맞아서 十 회 남짓 싸우고
截住麴義戰到十餘合

cioi i be gidalame morin ci tuhebuhe ..
麴義 를 창 찔러 말 에서 떨어뜨렸다.
一鎗刺麴義于馬下

joo yūn emhun deyerei gese
趙雲 홀로 나는 듯이
趙雲一騎馬

yuwan šoo i cooha de dosifi
袁紹 의 군사 에 들어가서
飛入紹軍

hashū ici ergi be fondolome yaburengge
左 右 측 을 뚫으며 다니는 것이

左衝右突

niyalma akū babe yabure adali ..
사람 없는 곳을 다니는 것 같았다.
如入無人之境

gung sun dzan cooha gaifi amasi marifi afara jakade .
公孫瓚이 군사 이끌고 뒤로 돌아와 싸우는 故로
公孫瓚引軍殺回

yuwan šoo i cooha ambula gidabuha ..
袁紹 의 군사 크게 패하였다.
紹軍大敗

gung sun dzan i cooha amcame jiderede .
公孫瓚 의 군사 추격하여 올 적에
瓚軍趕過去

yuwan šoo i cooha wesihun wasihūn balai facuhūlaha ..
袁紹 의 군사 東으로 西로 마구 어지러워졌다.
紹軍東西亂竄

neneme yuwan šoo i karun i niyalma alanjime musei jiyangjiyūn cioi i . bata i jiyangjiyūn be wame . tu durime yabume bata be bošome gamaha .. yuwan šoo donjifi cooha be belherakū . gida jafaha emu udu tanggū cooha . moringga cooha emu udu juwan be gaifi tiyan fung ni emgi morin i dergici injeceme gung sun dzan erdemu akū seme basume gisurere de gung sun dzan geli isinjifi yuwan šoo be muheliken kaha ..

이전에 원소의 정탐꾼이 알려오기를, '우리의 장수 국의가 적의 장수를 죽이고, 원수기를 빼앗으며 적을 쫓아버렸습니다.' 원소가 듣고서 군사를 대비하지 않고, 창 잡은 몇 백 군사와 말탄 군사 몇 십을 이끌고, 전풍과 함께 말 위에서 웃으며, "공손찬은 무능하도다!"라고 비웃으며 말할 때에, 갑자기 조운이 짓쳐 이르러 연거푸 화살을 쏜다. 공손찬도 다시 이르러 원소를 둥그렇게 에워쌌다.

先袁紹探馬, 回報吾將麴義斬將奪旗, 追趕敵兵. 因此紹不准備, 只引帳下持戟軍士數百人, 馬軍數十騎, 與田豊在馬上呵呵大笑, "公孫瓚無能之輩!" 正說之間, 忽有趙雲衝到面前, 弓箭手急射, 瓚軍團團圍定.

  neneme yuwan šoo i karun i niyalma alanjime
 이전에   袁紹 의 偵探 의 사람 알려오되
先袁紹探馬回報

musei jiyangjiyūn cioi i .
우리의   장수   麴義
吾將麴義

bata i [42a] jiyangjiyūn be wame . tu durime yabume
敵 의   장수   를 죽이고 纛 빼앗기 행하여
斬將奪旗

bata be bošome gamaha ..
敵 을 쫓아버렸습니다.
追趕敵兵

yuwan šoo donjifi cooha be belherakū .
袁紹가   듣고 군사 를 대비하지 않고
因此紹不准備

gida jafaha emu udu tanggū cooha .
창 잡은 한 몇 百 군사
只引帳下持戟軍士數百人

moringga cooha emu udu juwan be gaifi
말탄   군사 한 몇 十 을 이끌고
馬軍數十騎

tiyan fung ni emgi morin i dergici injeceme
田豊 과 함께 말 의 위로부터 웃으며

與田豊在馬上呵呵大笑

gung sun dzan erdemu akū seme basume gisurere de
　公孫瓚은　　才能　없다　고　비웃으며　말할 적에
公孫瓚無能之輩正說之間

gaitai joo yūn bireme isinjifi emdubei gabtambi ..
갑자기　趙雲이　짓쳐　이르러　연거푸　화살쏜다.
忽有趙雲衝到面前弓箭手急射

gung sun dzan geli isinjifi
　公孫瓚　　다시 이르러
瓚軍

yuwan šoo be muheliken[13] kaha ..
　袁紹　를　둥그렇게　에워쌌다.
團團圍定

tiyan fung ambula golofi yuwan šoo i baru hendume gabtarangge aga agara i gese . ejen gung taka fui dolo jailaki . yuwan šoo saca be na de maktafi den jilgan i hūlame amba haha seme banjifi bata be ucaraha de buceme afaci acambi .. fu i dolo dosifi banjire be baiha doro bio .. tere gisun de

․․․․․․․․․․․․․․․․․․․․․․․․․․․․
13　＊ cf. muheliyen, muheliyeken.

yuwan šoo i geren cooha emu mujilen i bucetei afara jakade
. joo yūn fondolome dosiki seci ojorakū bisirede . gaitai
yuwan šoo i amba baksan i cooha isinjiha ..

전풍이 크게 놀라 원소를 향하여 말하기를, "화살 쏘는 것이 비가 오는 것 같으니, 주공은 잠시 담의 안으로 피하소서!" 원소는 투구를 땅에 내던지고 큰 소리로 외치기를, "대장부로 태어나 적을 맞아서는 죽기로 싸워야 마땅하다. 담 안에 들어가 살기를 바랄 까닭이 있는가?" 그 말에 원소의 여러 군사 한마음으로 죽기로 싸우는 바람에, 조운이 뚫고 들어가지 못하고 있을 때에, 갑자기 원소의 큰 대오의 군사가 이르렀다.

田豊慌對紹曰：“矢如雨下，主公且于空墻中躲避!” 紹以兜鍪撲地，大呼曰：“大丈夫願臨陣鬪死，豈可入墻而望活乎!” 紹衆軍士齊心死戰，趙雲衝突不入，忽袁紹大隊掩至.

    tiyan fung ambula golofi yuwan šoo i baru hendume
      田豊이　　크게　놀라　　袁紹　를 향하여 말하되
田豊慌對紹曰

    gabtarangge aga agara i gese .
    화살쏘는 것이　비　오는 것과 같으니,
    矢如雨下

ejen gung [42b] taka fui dolo jailaki .
主　公은　　　잠시 담의 內 피하소서.
主公且于空墻中躱避

yuwan šoo saca be na de maktafi
　袁紹는　　투구 를 땅 에 내던지고
紹以兜鍪撲地

den jilgan i hūlame amba haha seme banjifi
높은 소리 로 외쳐　　大　丈夫　라고　태어나
大呼曰大丈夫

bata be ucaraha de buceme afaci acambi ..
敵　을 맞았을 적에 죽도록 싸워야 마땅하다.
願臨陣鬪死

fu i dolo dosifi banjire be baiha doro bio ..
담의 內 들어가　살기 를 구하는 이치 있는가?
豈可入墻而望活乎

tere gisun de yuwan šoo i geren cooha
그　말　에　袁紹　의 여러　군사
紹衆軍士

emu mujilen i bucetei afara jakade .
한　마음 으로 죽도록 싸우는　故로

齊心死戰

joo yūn fondolome dosiki seci ojorakū bisirede .
趙雲이   뚫고   들어가려 해도 못하고 있을 적에
趙雲衝突不入

gaitai yuwan šoo i amba baksan i cooha isinjiha ..
갑자기   袁紹 의 큰   隊伍 의 군사 이르렀다.
忽袁紹大隊掩至

gung sun dzan . joo ȳun i emgi ekšeme bedereki serede hashū ergici yan liyang . ici ergici wen ceo tucifi ilan ba i cooha sasa afara jakade joo yūn . gung sun dzan be dalime kaha ba be fondolome tucifi kiyoo i jakade isinjiha yuwan šoo cooha be bošme dosifi kiyoo be doome amcara de . juwe ergi coohai niyalma muke de tuhefi bucehengge toloci wajirakū ..

공손찬이 조운과 함께 급히 물러나려 할 때에, 좌측에서 안량이 우측에서 문추가 나와서, 세 곳의 군사 일제히 싸우는 바람에, 조운은 공손찬을 호위하여 에워싼 곳을 뚫고 나와 다리의 근처에 이르렀다. 원소가 군사를 몰고 들어가 다리를 건너서 추격할 때에, 양편 군사들 물에 떨어져 죽은 자 헤아릴 수 없다.

瓚同趙雲回, 左顏良軍右文醜軍到, 三路併殺. 趙雲保公孫瓚殺透重圍, 到界橋. 紹驅兵大進趕過橋, 兩軍落水死者不計其數.

gung sun dzan . joo yūn i emgi ekšeme bedereki serede
　公孫瓚이　　　趙雲 과 함께　급히　물러나려　할 적에
瓚同趙雲回

hashū ergici yan liyang . ici ergici wen ceo tucifi
　左　측에서　　顏良　　右 측에서　文醜　나와서
左顏良軍右文醜軍到

ilan ba i cooha sasa　afara　jakade
　세　곳 의 군사 일제히 싸우는　故로
三路併殺

joo yūn . gung [43a] sun dzan be dalime
　趙雲은　　公　　　　孫瓚　을 호위하여
趙雲保公孫瓚

kaha ba be fondolome tucifi kiyoo i jakade isinjiha
에워싼 곳 을　　뚫고　나와서 다리 의 근처에 이르렀다.
殺透重圍到界橋

yuwan šoo cooha be bošme dosifi
　袁紹가　군사 를 몰고　들어가
紹驅兵大進

kiyoo be doome amcara de .
다리 를 건너 추격할 적에
趕過橋

juwe ergi coohai niyalma muke de tuhefi bucehengge
양 측 군사의 사람 물 에 떨어져 죽은 자
兩軍落水死者

toloci wajirakū ..
셈하면 마침이 없다.
不計其數

yuwan šoo juleri ofi amcame kiyoo be dulefi sunja ba oho bici alin i amargici emu baksan i cooha afame tucike .. ujude ilan amba jiyangjiyūn deyerei gese jimbi . dulimbade juru loho jafahangge lio hiowande .. dergi ergi de cing lung jangkū jafahangge guwan yūn cang .. wargi ergi de jang ba moo gidan jafahangge jang i de .. ping yuwan hiyan de tefi bisirede gung sun dzan . yuwan šoo i ergi afandure be donjifi cooha gaifi aisilame jidere de . tob seme yuwan šoo i amcara be ucarafi uthai okdome afanjire jakade . yuwan šoo sabufi beyei fayangga beye de akū golofi . jafaha loho be na de tuhebufi morin šusihalame amasi burulaha ..

원소가 앞장서서 추격하여 다리를 지나 5리가 되니, 산의 뒤로부터 한 대오의 군사가 싸우러 나왔다. 선두에 세 대장이 나는듯이 온다. 가운데 쌍고검을 잡은 이는 유현덕, 동편에 청룡언월도 잡은 이는 관운장, 서편에 장팔사모 잡은 이는 장익덕이다. 평원현에 있을 때에, 공손찬과 원소측이 싸운다는 것을 듣고, 군사를 이끌고 도우러 올 적에, 마침 원소의 추격하는 것을 만나서, 즉시 맞아서 싸우러 오자, 원소가 보고 혼비백산 놀라서, 잡은 칼을 땅에 떨어뜨리고 말을 채찍질하여 뒤로 달아났다.

袁紹當先趕過橋, 不到五里, 山背後閃出一彪人馬來, 爲首三員大將飛馬而來, 中間掣雙股劍的是劉玄德, 上首使靑龍刀的是關雲長, 下首挺丈八蛇矛的是張翼德. 在平原探知, 公孫瓚與袁紹相爭, 引兵特來助戰. 正逢袁紹, 飛奔前來. 袁紹驚得魂飛天外, 手中刀墜于馬下, 絲韁忙挽, 急便逃回.

     yuwan šoo juleri ofi amcame kiyoo be dulefi
        袁紹　　　선두 되어 추격하여　　다리를　　지나
袁紹當先趕過橋

     sunja ba oho bici
       五　　里　　되었더니
不到五里

alin i amargici emu baksan i cooha afame tucike ..
山 의 뒤로부터 한　隊伍 의 군사 싸우러 나왔다.
山背後閃出一彪人馬來

ujude ilan amba jiyangjiyūn deyerei gese jimbi .
선두에 三 大　　將　　나는 듯이 온다.
爲首三員大將飛馬而來

dulimbade juru loho jafahangge lio hiowande ..
가운데에　雙　환도 잡은 이는　劉玄德이다.
中間掣雙股劍的是劉玄德

dergi ergi de cing lung jangkū jafahangge
　東　편에 靑　龍　언월도 잡은 이는
上首使靑龍刀的

guwan yūn cang ..
　關雲長이다.
是關雲長

wargi ergi de jang ba moo gidan jafahangge
　西　편에 丈 八　矛　창　잡은 이는
下首挺丈八蛇矛的

jang [43b] i de ..
　張　　翼德이다.
是張翼德

ping yuwan hiyan de tefi   bisirede
　平原　　　縣　에 居하고 있을 적에
在平原探知

gung sun dzan . yuwan šoo i ergi afandure be donjifi
　公孫瓚　　　　袁紹 의 측　싸움　을 듣고
公孫瓚與袁紹相爭

cooha gaifi aisilame jidere de .
　군사 이끌고 도우러　올 적에
引兵特來助戰

tob seme yuwan šoo i amcara be ucarafi
마침 맞게　袁紹　의 추격함 을 만나서
正逢袁紹

uthai okdome afanjire   jakade .
즉시　맞아서 싸우러 오는　故로
飛奔前來

yuwan šoo sabufi beyei fayangga beye de akū golofi .
　袁紹가　보고 몸의　魂　몸 에 없게 놀라서
袁紹驚得魂飛天外

jafaha loho be na de tuhebufi
잡은 환도 를 땅 에 떨어뜨리고

手中刀墜于馬下

morin šusihalame amasi burlaha[14] ..
말　　채찍질하여　　뒤로　달아났다.
絲韁忙挽急便逃回

....
[14] * cf. burulaha

권2-4회(총14회) 번역

[卷二-4回]

sun jiyan . giyang doome lio biyoo i baru afaha ..
孫堅은　　江　　건너　劉表　　를 對하여 싸웠다.
孫堅過江戰劉表

yuwan šoo i geren jiyangjiyūn sa bucetei afafi yuwan šoo be tucibufi kiyoo be doome henehe .. gung sun dzan cooha bargiyafi ing de bederefi hiowande i emgi doro arame wajiha manggi .. gung sun dzan hendume . aikabade hiowande dame jiderakū bihe bici niohe de elekei sefi . joo yūn be gajifi acabuha .. hiowande alimbaharakū gosime kunduleme fakcara mujilen akū ..

원소의 여러 장수들이 죽도록 싸워서 원소를 구출하여 다리를 건너갔다. 공손찬은 군사를 수습하여 영채에 물러나, 현덕과 함께 예를 갖추고 나서, 공손찬이 말하기를, "만약에 현덕이 구원하러 오지 않았더라면, 낭패를 당했을 것이다." 하고, 조운을 데려와 만나보게 하였다. 현덕은 견딜 수 없이 사랑하고 공경하여 헤어지려는 마음이 없었다.

紹衆將死救袁紹過橋去了. 公孫瓚收住軍馬歸寨. 玄德施禮畢, 瓚曰: "若非玄德遠來救我幾乎狼狽!" 教與趙雲相見. 玄德甚相敬愛, 便有不捨之心.

yuwan šoo i geren jiyangjiyūn sa
　　袁紹　 의 여러　　장수　 들
紹衆將

bucetei afafi yuwan šoo be tucibufi
죽도록 싸워서　 袁紹　 를 구출하여
死救袁紹

kiyoo be doome henehe¹ ..
다리 를　건너　 갔다.
過橋去了

gung sun dzan cooha bargiyafi ing de bederefi
　公孫瓚은　　 군사　거두어　營寨 에 물러나서
公孫瓚收住軍馬歸寨

hiowande i emgi doro arame wajiha manggi ..
　玄德　 과 함께　禮　행하기 마친　 뒤
玄德施禮畢

. . . .
1　* cf. genehe

gung [44a] sun dzan hendume .
公　　　　孫瓚이　　말하되
瓚曰

aikabade hiowande dame jideraku̅ bihe bici
만약에　　玄德이　　구원　오지 않고 있었다면
若非玄德遠來救我

niohe² de elekei   sefi .
狼狽　　에 하마터면 하고
幾乎狼狽

joo yu̅n be gajifi acabuha ..
趙雲　을 데려와 만나보게 하였다.
敎與趙雲相見

hiowande alimbaharaku̅ gosime kunduleme
玄德은　견딜 수 없이　사랑하고　공경하여
玄德甚相敬愛

fakcara mujilen aku̅ ..
헤어질　마음　없다.
便有不捨之心

....
2 niohe ; 狼, 狼皮.

tereci yuwan šoo emu jergi gidabufi bekileme tuwakiyafi tucifi afarakū juwe ergi cooha ishunde sujafi emu biya funcehe .. tere mejige be niyalma cang an hecen de alanaha .. tereci dung dzo cang an de isinafi ini beye be taisy obufi soorin goloi beise ci wesihun oho .. tucire dosire de aisin i ilgai yacin oyonggo sejen de tembi ..

각설, 원소가 한번 패하고 굳게 지키며 출전하지 않으니, 양측 군사가 서로 대치하기를 한 달 가량 되었다. 그 소식을 사람이 장안성에 아뢰었다. 한편, 동탁은 장안에 도착해서 그 자신을 태사로 삼으니 지위가 제후보다 높게 되었다. 나가고 들어올 때에는 금화 장식의 검은 중요한 수레에 탔다.

却說袁紹輸了一陣, 堅守不出. 兩陣遂相拒月餘, 有人來長安報說此事. 董卓自到長安, 自稱"太師", 位居諸侯之上, 出入乘金花皂蓋.

  tereci yuwan šoo emu jergi gidabufi
   却說　　　袁紹　　한　차례　패하고
  却說袁紹輸了一陣

  bekileme tuwakiyafi tucifi afarakū
   固守하며　지키고　나와서 싸우지 않자
  堅守不出

juwe ergi cooha ishunde sujafi emu biya funcehe ..
兩 측 군사 서로 버티기 한 달 남짓되었다.
兩陣遂相拒月餘

tere mejige be niyalma cang an hecen de alanaha ..
그 소식 을 사람이 長安 城 에 고해 바쳤다.
有人來長安報說此事

tereci dung dzo cang an de isinafi
却說 董卓은 長安 에 도착해서
董卓自到長安

ini beye be taisy obufi
그의 몸 을 太師 삼으니
自稱太師

soorin goloi beise ci wesihun oho ..
位 諸侯 보다 위[貴] 되었다.
位居諸侯之上

tucire dosire de
나가고 들어올 적에
出入

aisin i ilgai³ yacin oyonggo sejen de tembi ..

---
3 * cf. ilha

金 의花의 鴉靑 要緊한 수레 에 탄다.
乘金花皂蓋

li žu . dung dzo i baru hendume . yuwan šoo . gung sun dzan gemu ere jalan i saisa .. te pan ho bira de afandumbi sere . han i hesei joo bithe wasimbume niyalma takūrafi acabuha de . tere juwe nofi urunakū baili be gūnime taisy de dahambi .. dung dzo tere gisun be saišafi jai inenggi uthai han de wesimbufi . taifu hafan ma mi di . taipu hafan joo ci be elcin obufi joo bithe jafabufi takūrara jakade . joo bithe jafabufi takūrara jakade . yuwan šoo tanggū bai dubede okdofi joo bithe be niyakūrafi alime gaiha .. joo ci . yuwan šoo i ing de tefi gung sun dzan de bithe benebuhe .. gung sun dzan geli niyalma takūrafi yuwan šoo de bithe unggihe .. tere bithei gisun ..

이유가 동탁에게 말하기를, "원소·공손찬은 모두 이 시대의 호걸입니다. 지금 반하에서 서로 싸운다 하니, 황제의 조서를 내려서 사람을 파견하여 화해시키면, 그 두 사람 반드시 은혜를 생각하여 태사께 따를 것입니다." 동탁은 그 말을 옳게 여겨 이튿날 즉시 황제에게 상주하였다. 태부 벼슬 마일제, 태복 벼슬 조기를 사신으로 삼아서 조서를 받들게 하여 보내므로, 원소는 백리 밖에서 맞이하여 조서를 무릎을 꿇고 받았다. 조기는 원소의 영채에 앉아 공손찬에게 글을 보내도록 하였다. 그 문서의 말이다.

李儒對卓曰：″袁紹與公孫瓚乃當今之豪傑, 見在磐河厮殺, 宜假天子之詔, 差人往和解之, 二人感德, 必順太師矣.″卓曰：″善″次日, 奏知天子, 便使太傅馬日磾太僕趙岐, 捧詔前來. 紹出迎于百里, 再拜奉詔. 岐在紹營, 移書告瓚. 瓚遣使具與紹書曰：

li žu . dung dzo i baru hendume .
李儒가　　董卓　을 향하여 말하되
李儒對卓曰

yuwan šoo . gung sun dzan gemu ere jalan i saisa ..
　袁紹　　　　公孫瓚은　　모두　이　世代 의 豪傑입니다.
袁紹與公孫瓚乃當今之豪傑

te　pan ho bira de afandumbi sere . [44b]
지금　磐河　河 에서　相爭한다　하니
見在磐河厮殺

han i hesei joo bithe wasimbume
황제 의 칙지의 詔　書　　내려서
宜假天子之詔

niyalma takūrafi acabuha　de .
　사람　보내어 화해시켰을 적에

差人往和解之

tere juwe nofi urunakū baili be gūnime
　그　 두　사람　반드시　은혜 를　생각하여
二人感德

taisy de dahambi ..
太師　께 따를 것입니다.
必順太師矣

dung dzo tere gisun be saišafi
　董卓은　　그　말　을 칭찬하고
卓曰善

jai inenggi uthai han de wesimbufi .
　다음　 날　즉시 황제 에게　상주하고,
次日奏知天子

taifu hafan ma mi di . taipu hafan joo ci be elcin obufi
太傅　벼슬　馬日磾　　太僕　벼슬　趙岐 를　使臣 삼아서
便使太傅馬日磾太僕趙岐

joo bithe jafabufi   takūrara jakade .
　詔　書 받들게 하여　보내는　 故로
捧詔前來

yuwan šoo tanggū bai dubede okdofi
袁紹는　　　百　里의 끝에서 맞이하여
紹出迎于百里

joo bithe be niyakūrafi alime gaiha ..
詔　書　를　무릎꿇고　받아 가졌다.
再拜奉詔

joo ci . yuwan šoo i ing de tefi
趙岐는　　袁紹　의 營寨 에 앉아
岐在紹營

gung sun dzan de bithe benebuhe ..
　　公孫瓚　　에게　글 보내도록 하였다.
移書告瓚

gung sun dzan geli niyalma takūrafi
　　公孫瓚은　　또　　사람　보내서
瓚遣使

yuwan šoo de bithe unggihe ..
　　袁紹　에게 글　보냈다.
具與紹

tere bithei gisun .. [45a]
　그　문서의　말
書曰

ma taifu . joo taipu juwe nofi jeo gung . šoo gung ni erdemu be alhūdame hesei bithe jafafi han i kesi be selgiyeme acabume jihengge . uthai tugi hetefi šun be sabuha gese urgunjeme wajirakū .. julge jiya fu . keo siyūn inu cooha be temšeme ishunde waki serede guwang u han i onco be safi uthai acanjifi emu sejen de tefi tucike be tere fon i niyalma wesihun obuhabi bi udu fusihūn bicibe . jiyangjiyūn i emgi bahafi ere hūturi be uhelehengge cohome . jiyangjiyūn i kesi . inu mini jabšan kai ..

"마 태부 · 조 태복 두 사람이 주공 · 소공의 덕을 본받아서, 조서를 받들어 황제의 은덕을 전유하고 화해시키러 온 것은 구름이 걷히고 해를 본 것처럼 기쁘기 그지없는 일입니다. 옛적에 가복 · 구순 역시 군사 싸우며 서로 죽이려 할 때에, 광무 황제의 관대함을 알고 즉시 만나러 와서 한 수레에 타고 나선 것을 그때의 사람들이 영예롭게 여겼습니다. 제가 비록 비천하지만 장군과 함께 이 복을 같이 할 수 있음은 특별히 장군의 은덕이며 또한 저의 행운이옵니다."

馬太傅 · 趙太僕, 以周 · 召之德, 御名來征, 宣揚朝恩, 示以和睦, 曠若開雲見日, 何喜如之? 昔賈復 · 寇恂亦爭士卒, 欲相危害, 遇光武之寬, 親俱陛見, 同輿共出, 時人以爲榮. 自省邊鄙, 得與將軍共同此福, 此誠將軍之眷, 而亦瓚之幸也.

ma taifu . joo taipu juwe nofi
馬　太傅　趙　太僕　두　사람
馬太傅趙太僕

jeo gung . šoo gung ni erdemu be alhūdame
　周公　　召公　의　德　을　본받아서
以周召之德

hesei bithe jafafi
칙지의　글　받들어
御名來征

han i kesi be selgiyeme acabume jihengge .
황제　의　恩德　을　傳諭하여　화합시키러　온　것
宣揚朝恩示以和睦

uthai tugi hetefi šun be sabuha gese
즉시　구름　걷히고　해　를　본　것　같이
曠若開雲見日

urgunjeme wajirakū ..
　기쁘기　그지없습니다.
何喜如之

julge jiya fu . keo siyūn inu cooha be temšeme
옛적　賈復　　寇恂　역시　군사　를　다투며

昔賈復寇恂亦爭士卒

ishunde waki　serede
　서로　죽이고자 할 적에
欲相危害

guwang u　han　i onco be safi uthai acanjifi
　　光武　　황제　의 관대함을 알고 즉시 만나러 와서
遇光武之寬親俱陛見

emu sejen de tefi tucike be
　한　　수레　에 타고 나선　것을
同輿共出

tere fon i niyalma wesihun obuhabi ..
　그　때 의　사람　　榮譽　　삼았다.
時人以爲榮

bi　udu fusihūn bicibe .
제가 비록　　비천　　하지만
自省邊鄙

jiyangjiyūn i emgi bahafi
　　장군　　과　함께　얻어서
得與將軍

ere hūturi be uhelehengge cohome . jiyangjiyūn i kesi .
이　　福　을 공동으로 함은 특별히　　　장군　의 恩德
共同此福 此誠將軍之眷

inu mini jabšan kai .. [45b]
또　저의　幸運이옵니다.
而亦瓚之幸也

yuwan šoo tere bithe be bahafi ambula urgunjehe .. jai inenggi ma mi di . joo ci juwe nofi gung sun dzan i ing de jihe manggi . emu udu inenggi salirafi juwe nofi be amasi unggihe . gung sun dzan . lio hiowande be ping yuwan hecen i hiyang hafan obuki seme bithe wesimbure jakade . han gisun gaiha . gung sun dzan cooha gaifi bederehe ..

원소는 그 글을 받고 크게 기뻐하였다. 이튿날 마일제 · 조기 두 사람이 공손찬의 진영에 오자, 며칠 잔치하고 두 사람을 돌려보냈다. 공손찬이 유현덕을 평원상 삼고자 하여 주청하는 글을 올렸으므로, 황제는 주청을 수락하였다. 공손찬은 군사를 이끌고 돌아갔다.

紹得書, 甚喜. 次日, 馬・趙二人到瓚營, 各宴數日, 送二人還朝. 瓚表玄德平原相, 朝廷准奏. 瓚班師回.

yuwan šoo tere bithe be bahafi ambula urgunjehe ..
袁紹는　그　글　을 얻고　크게　기뻐하였다.
紹得書甚喜

jai inenggi ma mi di . joo ci juwe nofi
다음　날　　馬日磾　　趙岐　두　사람
次日馬趙二人

gung sun dzan i ing　de jihe manggi .
　公孫瓚　의 營寨 에　온　　뒤
到瓚營

emu udu inenggi salirafi juwe nofi be amasi unggihe .
한　몇　일　잔치하고　두　사람 을　돌려　보냈다.
各宴數日送二人還朝

gung sun dzan . lio hiowande be
　公孫瓚이　　　劉玄德　　을
瓚表玄德

ping yuwan hecen i hiyang hafan obuki seme
　平原　　城 의　相　　벼슬 삼고자 하여
平原相

bithe wesimbure jakade . han gisun gaiha .
　글　　올린　　故로　황제는 말 取하였다.

朝廷准奏

gung sun dzan cooha gaifi bederehe ..
公孫瓚은　　　　군사　이끌고 돌아갔다.
瓚班師回

hiowande . joo yūn fakcara de . hiowande joo yūn i gala be jafafi yasai muke tuhebume fakcame jenderakū bisire de . joo yūn sejilefi hendume . bi seibeni gung sun dzan be ere jalan i baturu mangga seme gūniha bihe .. te terei yabun be tuwaci . yuwan šoo i emu jergi niyalma . hiowande hendume . jiyangjiyūn taka akdun mujilen i hūsun bu .. muse acara inenggi bi dere sefi . yasai muke tuhebume fakcaha .. hiowande ping yuwan de bederehe .. gung sun dzan . joo yūn i emgi genehe .

현덕은 조운과 헤어지면서, 현덕이 조운의 손을 잡고 눈물을 흘리며 헤어지기 차마 못하고 있을 때에, 조운이 탄식하고 말하기를, "저는 예전에 공손찬을 이 시대의 영웅이라고 생각했었는데, 지금 그의 소행을 보니 원소와 같은 부류의 사람입니다." 현덕이 말하기를, "장군은 아직 마음을 굳게 먹고 힘내라. 우리 만날 날이 있으리라." 하고 눈물을 흘리며 헤어졌다. 현덕은 평원현으로 돌아갔다. 공손찬은 조운과 함께 갔다.

趙雲與玄德分別, 玄德執雲手, 垂涙不忍相離. 雲歎曰:"某曩日將謂
公孫瓚, 乃當世之英雄, 今觀所爲, 袁紹等輩耳."玄德曰:"將軍且堅
心事之, 相見有日."灑涙而別. 玄德遂回平原. 公孫瓚同趙雲去了.

    hiowande . joo yūn fakcara de .
      玄德　　　趙雲　헤어질 적에
  趙雲與玄德分別

    hiowande joo yūn i gala be jafafi
     玄德이　　趙雲 의 손 을 잡고
  玄德執雲手

    yasai muke tuhebume fakcame jenderakū bisire de .
     눈의　물　흘리며　헤어지기 차마 못하고 있을 적에
  垂涙不忍相離

    joo yūn sejilefi hendume .
     趙雲이 탄식하고　말하되
  雲歎曰

    bi　seibeni gung sun dzan be
     제가 예전에　　公孫瓚　　을
  某曩日將謂公孫瓚

ere jalan i baturu mangga seme gūniha bihe .. [46a]
이 世代 의　　英雄　　이라 생각했었는데
乃當世之英雄

te　terei yabun be tuwaci .
지금 그의 소행　을　보니
今觀所爲

yuwan šoo i emu jergi niyalma .
　袁紹　 와　한　 類 사람입니다.
袁紹等輩耳

hiowande hendume .
　玄德이　 말하되
玄德曰

jiyangjiyūn taka akdun mujilen i hūsun bu ..
　장군은　 아직 굳센　 마음 으로 힘　 내라.
將軍且堅心事之[4]

muse acara inenggi bi dere sefi .
　우리 만날　 날　 있으리라 하고
相見有日

....
4 모종강본은 "公且屈身事之"이다.

yasai muke tuhebume fakcaha ..
눈의   물   흘리며   헤어졌다.
灑淚而別

hiowande ping yuwan de bederehe ..
玄德은   平原   에 돌아갔다.
玄德遂回平原

gung sun dzan . joo yūn i emgi genehe .
公孫瓚은   趙雲 과 함께   갔다.
公孫瓚同趙雲去了

tereci yuwan šu . nan yang de tefi .. yuwan šoo be ji jeo hecen be baha seme donjifi . elcin takūrame . emu minggan morin gaji seme baihanaci . yuwan šoo emu morin hono buhekū .. yuwan šu ambula jili banjifi tereci ahūn deo hūwaliyasun akū oho .. geli jing jeo hecen de elcin takūrafi . lio biyoo i baru orin tumen hule bele jun gaji seme baici . lio biyoo emu belhe buhekū .. yuwan šu korsofi . emu bithe arafi hūlhame niyalma takūrafi sun jiyan de benehe .. tere bithe i gisun ..

한편 원술은 남양에 머물면서 원소가 기주성을 얻었다는 말을 듣고, 사신을 보내어 천 필의 말을 달라고 구하러 보냈는데, 원소는 한 필의 말조차도 주지 않았다. 원술은 크게 화를 내고, 그로부터 형제가 반목하게 되었다. 또 형주성에 사신을 보내서 유표에게 이십만 섬 쌀을 꾸어달라고 구했지만, 유표도 쌀 한 톨 주지 않았다. 원술은 원망하며, 한 통의 글을 써서 몰래 사람을 파견하여 손견에게 보냈다. 그 글의 말이다.

却說袁術在南陽, 聞袁紹新得冀州, 遣一使逕來求馬千匹. 紹不與一騎, 術大怒. 自此兄弟不睦. 又遣一使往荊州, 問劉表借糧二十萬, 表不與一粒. 術恨之, 密遣人遺書與孫堅. 書曰：

tereci yuwan šu . nan yang de tefi ..
　却說　　袁術은　　　　南陽　에 居하고
却說袁術在南陽

yuwan šoo be ji jeo hecen be baha seme donjifi .
　袁紹　를 冀州　　城　을 얻었다 라고　듣고
聞袁紹新得冀州

elcin takūrame . emu minggan morin gaji seme baihanaci .
　使臣　보내어　　一　　　千　　　馬　달라　며 구하러 갔지만
遣一使逕來求馬千匹

yuwan šoo emu morin hono buhekū ..
　袁紹는　　한　　馬　　조차 주지 않았다.
紹不與一騎

yuwan šu ambula jili banjifi
　袁術은　　크게　성　　내고
術大怒

tereci ahūn deo hūwaliyasun akū oho ..
　그로부터 兄　弟　　和睦　　않게 되었다.
自此兄弟不睦

geli jing jeo hecen de elcin [46b] takūrafi .
　또　　荊州　　城　에　使臣　　　파견하여
又遣一使往荊州

lio biyoo i baru
　劉表　를 향하여
問劉表

orin tumen hule bele jun gaji seme baici .
　二十　萬　　섬　쌀 빌려 달라　며 구했지만
借糧二十萬

lio biyoo emu belhe⁵ buhekū ..
　劉表는　한　　톨　주지 않았다.
表不與一粒

. . . .
5　* cf. belge

yuwan šu korsofi .
袁術은 원망하고
術恨之

emu bithe arafi hūlhame niyalma takūrafi
한   글 써서   몰래   사람 파견하여
密遣人遺書

sun jiyan de benehe ..
孫堅   에게 보냈다.
與孫堅

tere bithe i gisun ..
그   글 의 말
書曰

seibeni doron durime jugūn be heturehengge gemu mini ahūn yuwan šoo i arga .. te yuwan šoo . lio biyoo i emgi hebe acafi cooha ilifi giyang ni dergi be dailaki sembi .. bi gisureme jenderakū . gung hūdun cooha ilifi jing jeo be afa .. bi aisilame yuwan šoo be afara .. juwe kimun be karu [gaiki] ..

"옛적에 옥새를 빼앗으며 길을 가로막은 것은 모두 나의 형 원소의 꾀로소이다. 지금 원소가 유표와 함께 공모하여 군사를 일으켜 강동

을 정벌하려 하오. 내 말하기 차마 못하겠으니, 공은 속히 군사를 일으켜 형주를 공격하시오. 나는 도와서 원소를 공격하여 두 원수를 갚고자 하오."

異日奪印截路, 乃吾兄袁紹之謀也. 今紹又與表相議起兵, 襲取江東. 吾不忍言. 公可速興兵取荊州, 吾當與助, 夾攻袁紹, 二讐可報.

    seibeni doron durime jugūn be heturehengge
      옛적에 印章 빼앗으며 길 을 가로막은 것은
    異日奪印截路

    gemu mini ahūn yuwan šoo i arga ..
      모두 나의 형 袁紹 의 꾀다.
    乃吾兄袁紹之謀也

    te yuwan šoo . lio biyoo i emgi hebe acafi cooha ilifi
      지금 袁紹 劉表 와 함께 共謀하여 군사 일으켜
    今紹又與表相議起兵

    giyang ni dergi be dailaki sembi ..
      江 의 東 을 정벌하려 한다.
    襲取江東

bi gisureme jenderakū ..
내　말하기　차마 못하니
吾不忍言

gung hūdun cooha ilifi　jing jeo be afa ..
　公은　속히　군사 일으켜　荊州　를 공격하시오.
公可速興兵取荊州

bi aisilame yuwan šoo be afara ..
　내　도와서　　袁紹　　를 공격하여
吾當與助夾攻袁紹

juwe kimun be karu [gaiki] ..　　[47a]
　두　　원수　를 갚고자 하오.
二讐可報

영인원문

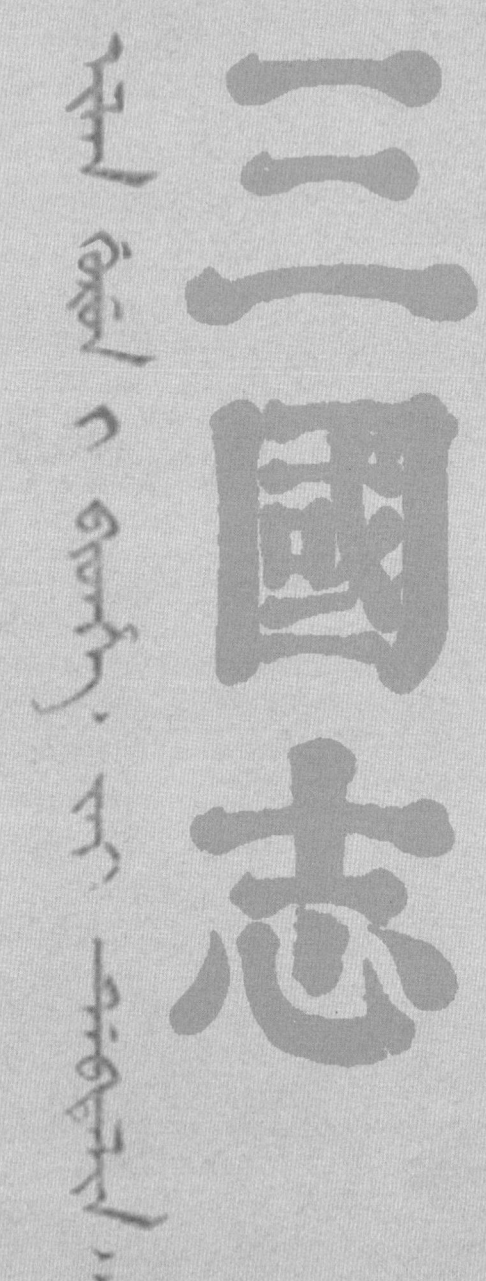

만한합벽삼국지

1-표지

2-표지(안)

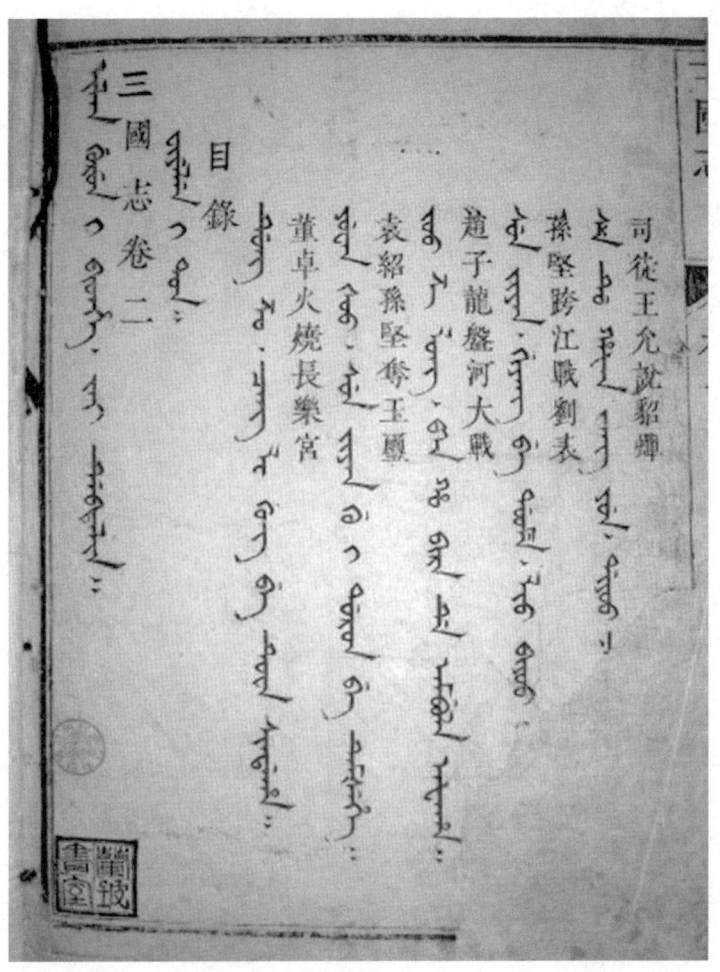

4-공란

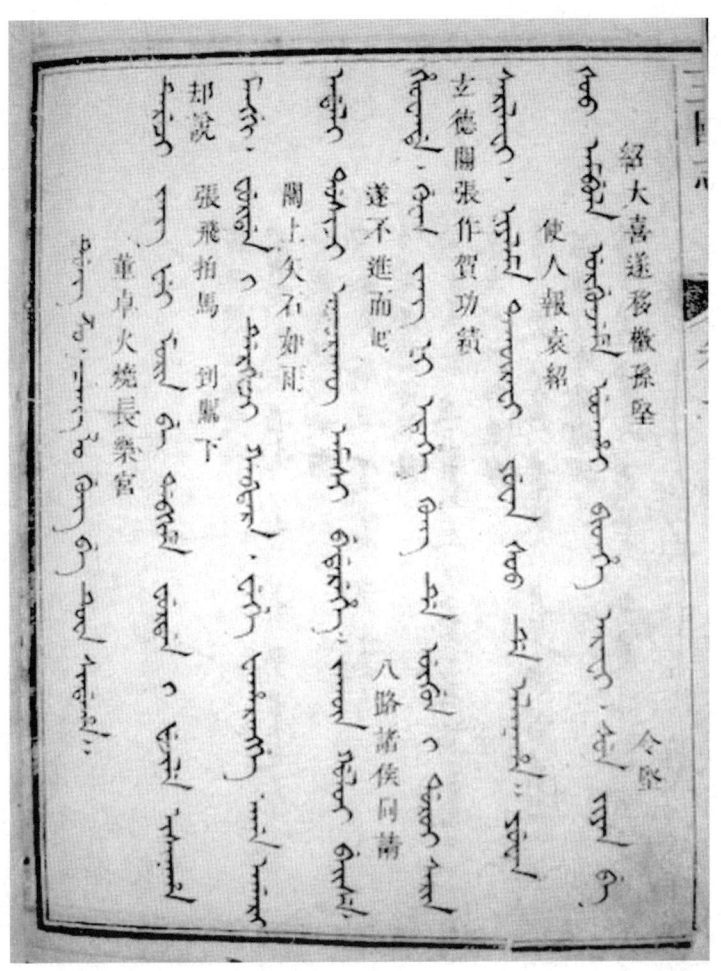

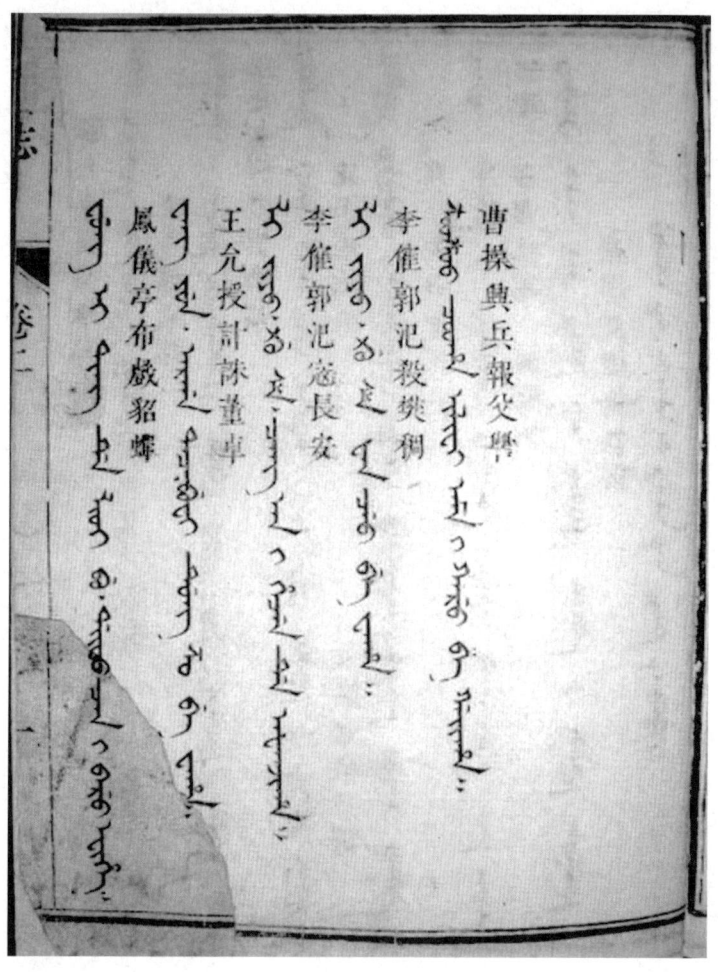

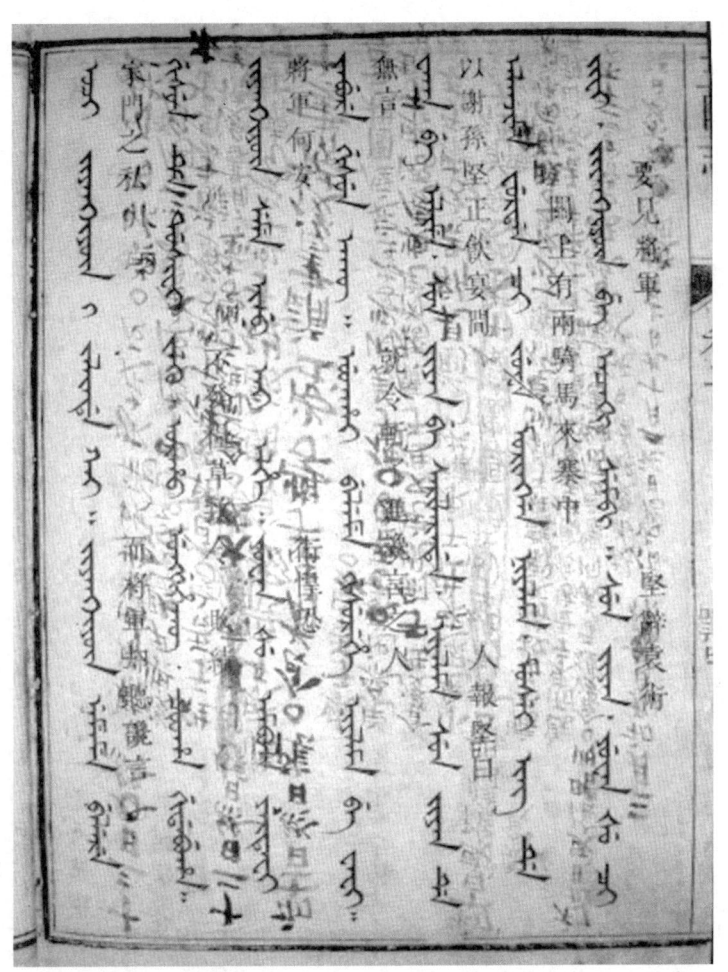

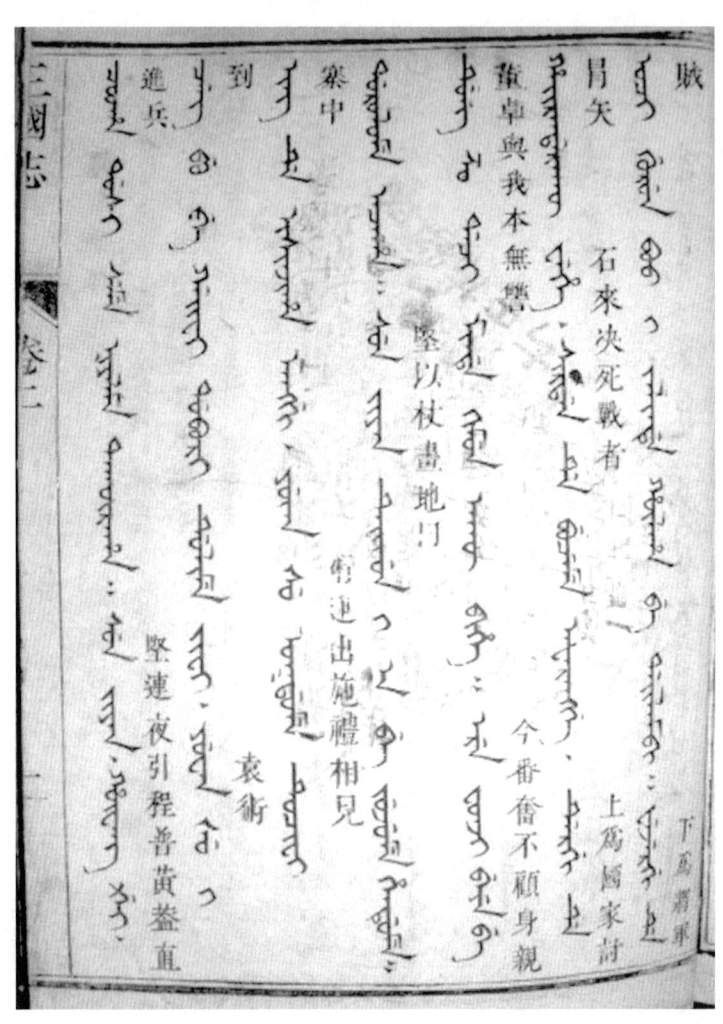

以謝天下
懸頭四海　吾欲
蕩覆王室　董卓逆天無道
大怒曰
庶幾不失人材
皆作郡守刺史　堅
但有宗族之子弟連名保上

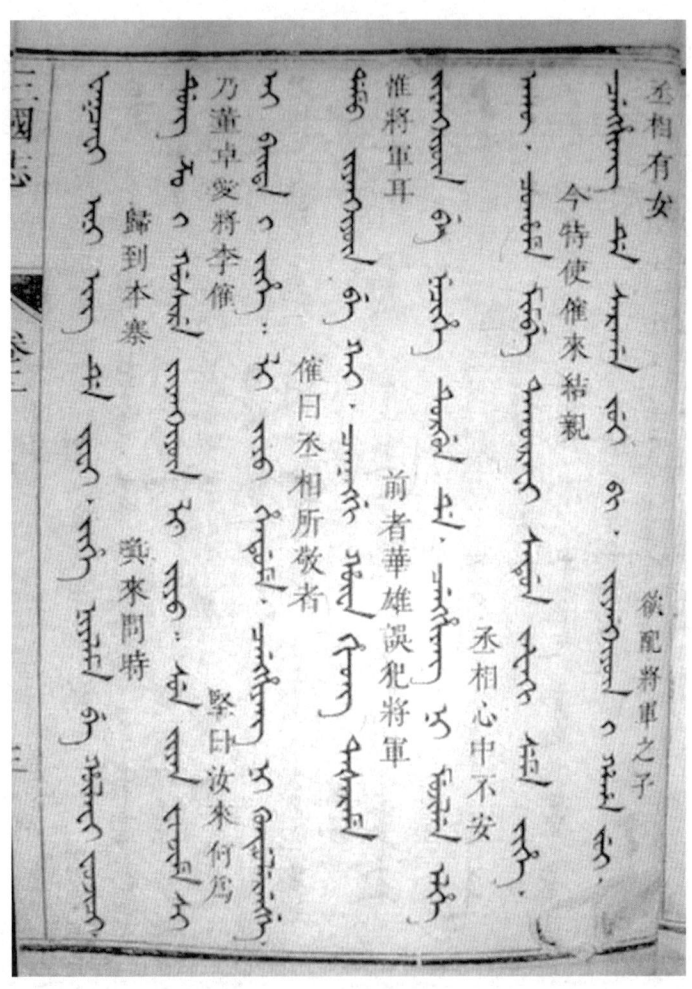

旺在長安具福之地
方可無斯難
此言正應丞相
西頭一箇漢 東頭一箇漢 鹿走入長安
近日街市小童謠曰
遷帝於長安以應謠兆
不若引兵回洛陽
兵無戰心
儒曰溫侯新敗

卓大怒罵：李傕

見畫卓說孫堅甚是無禮
李傕抱頭鼠竄
倘若遲悞粉骨碎身
斬汝 汝當速去早獻關來降 饒你性命
安肯與逆賊結親耶 吾不
如其不然則 吾死不瞑目

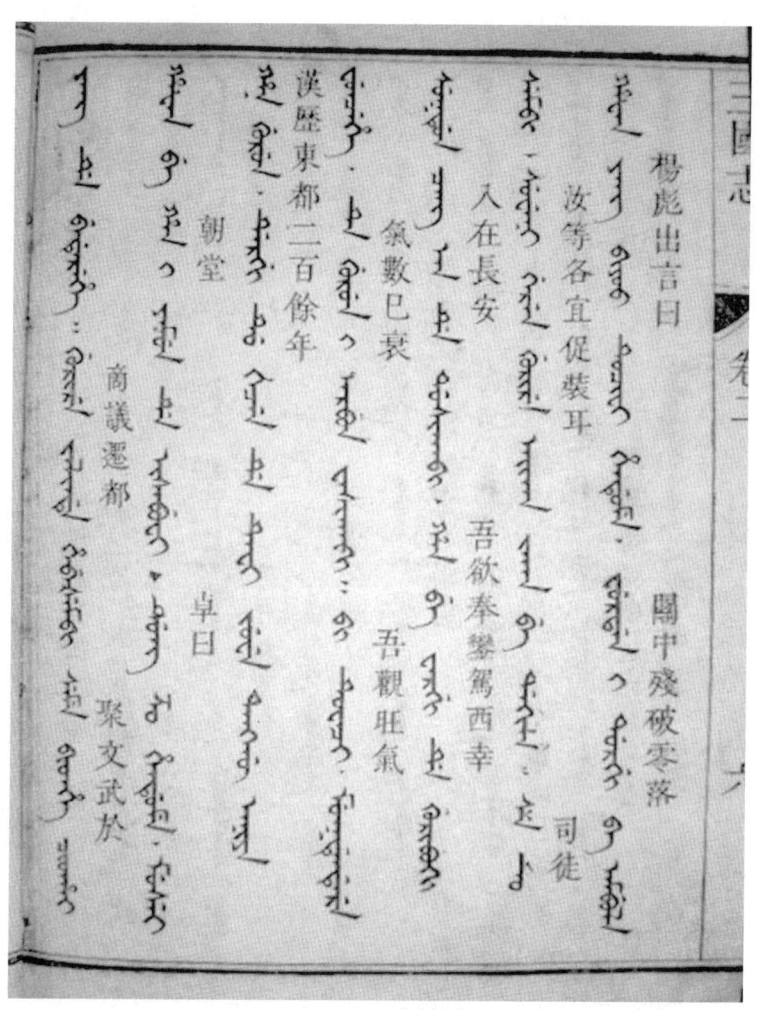

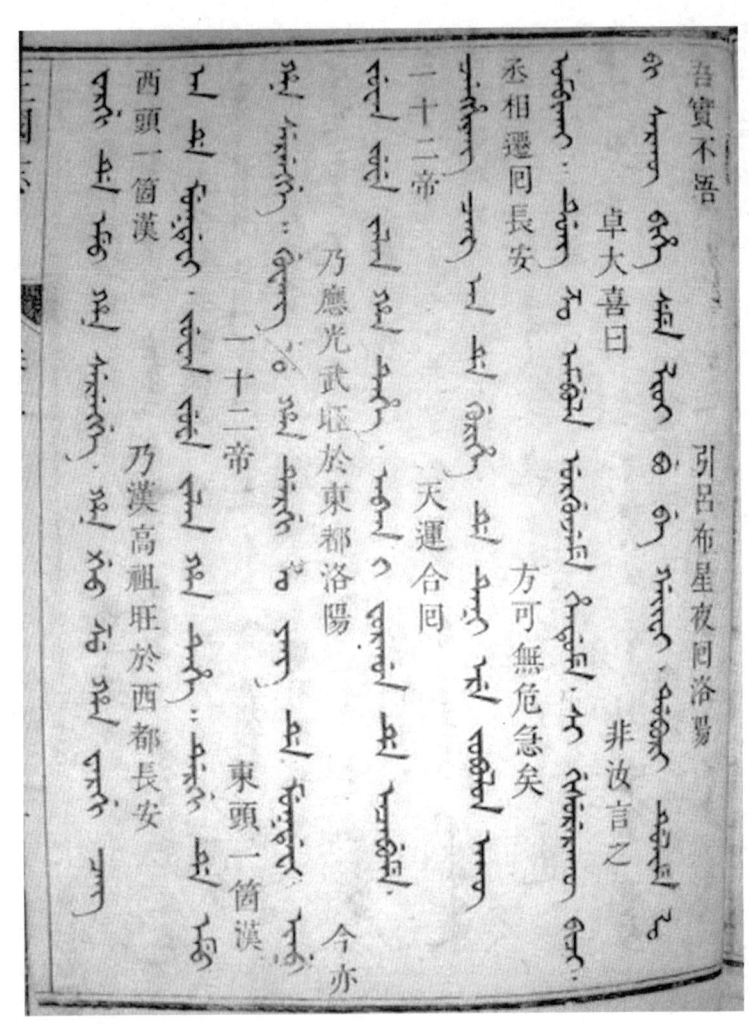

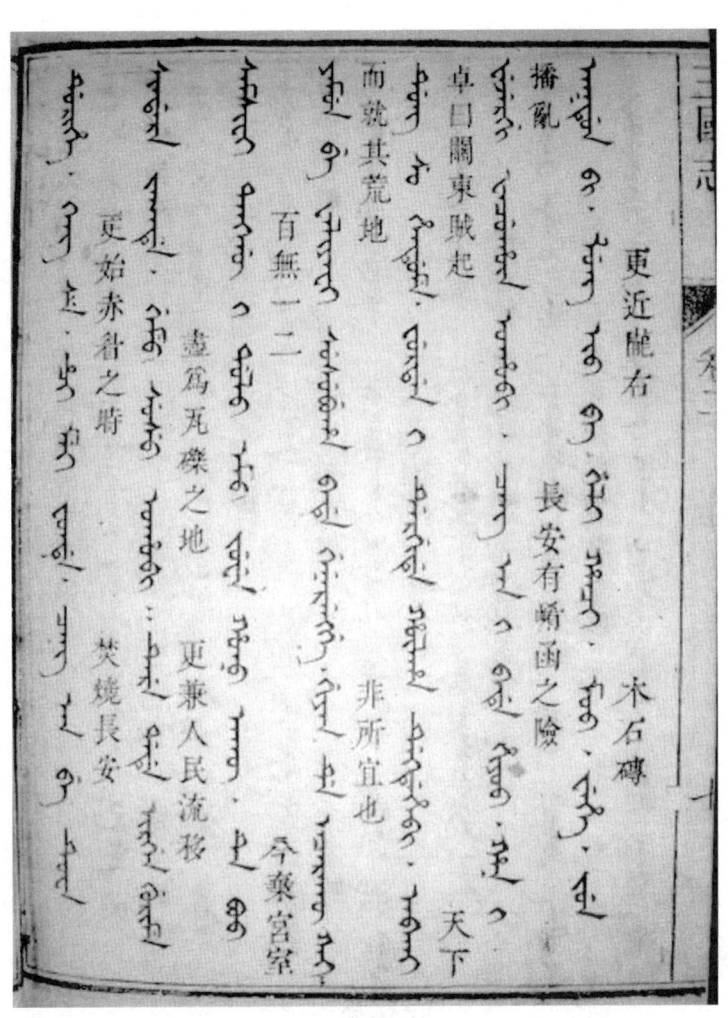

言是也　　　　　往者王莽篡逆
太尉黃琬出　　　　　楊司徒之
曰汝阻國家之大計耶
　　　　　　　望丞相鑒察
安之至難　　　　　　　卓怒
　　　　　　天下動之至易
恐百姓驚動必有鼎沸之亂
今無故捐宗廟棄皇陵

乃尚書周㻌　枝尉伍瓊

車前二人跪下　卓問曰

眨為庶民　卓出上車　視之

卽曰罷楊彪　荀爽官職

民不聊生　卓曰亂道　自此天下危矣

本周邦寧　若使遷都

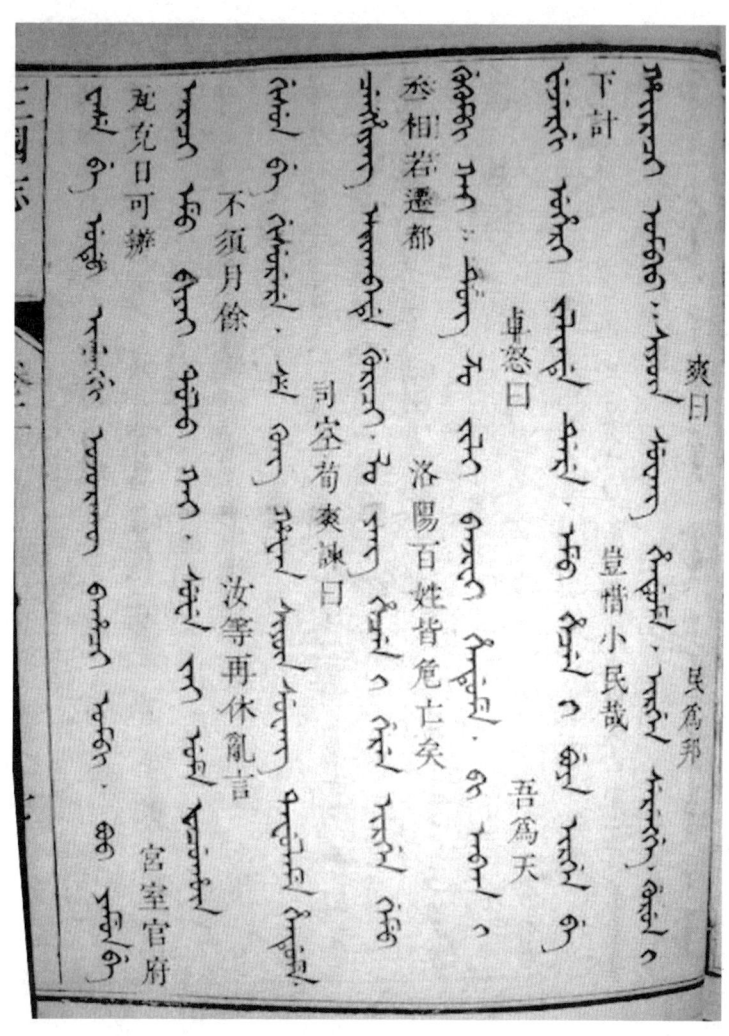

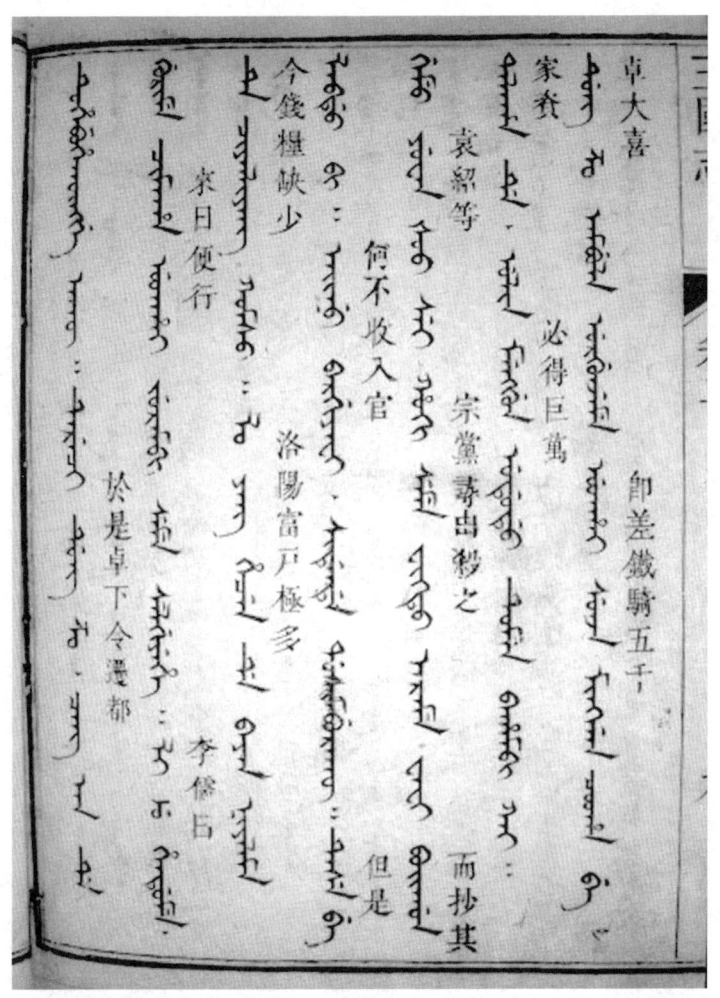

斬首　百姓莫不垂淚

叱武士拏出　都門

若不斬絕

我始聽你兩箇　汝等　必生後

故來諫耳　卓

悲曰今聞　丞相

欲遷都長安

有何東

大怒曰

保用的人今月皆反是

一黨

患

吾當與助夾攻袁紹 二讐可報

吾不忍言公可速興兵取荆州

介紹又與表相議起兵襲取江東

異日奪印截路乃吾兄袁紹之謀也

孫堅　書曰　　密遣人遺書與

表不與一粒術恨之

問劉表借糧二十萬

自此兄弟不睦　又遣一使往冀州
紹不與一騎　術大怒
遣一使逕來求馬千匹
却說袁術在南陽聞袁紹新得冀
州
公孫瓚同趙雲去了
灑淚而別　玄德遂回平原
將軍且堅心事之相見有日
曰
今觀所為袁紹等輩耳　玄德

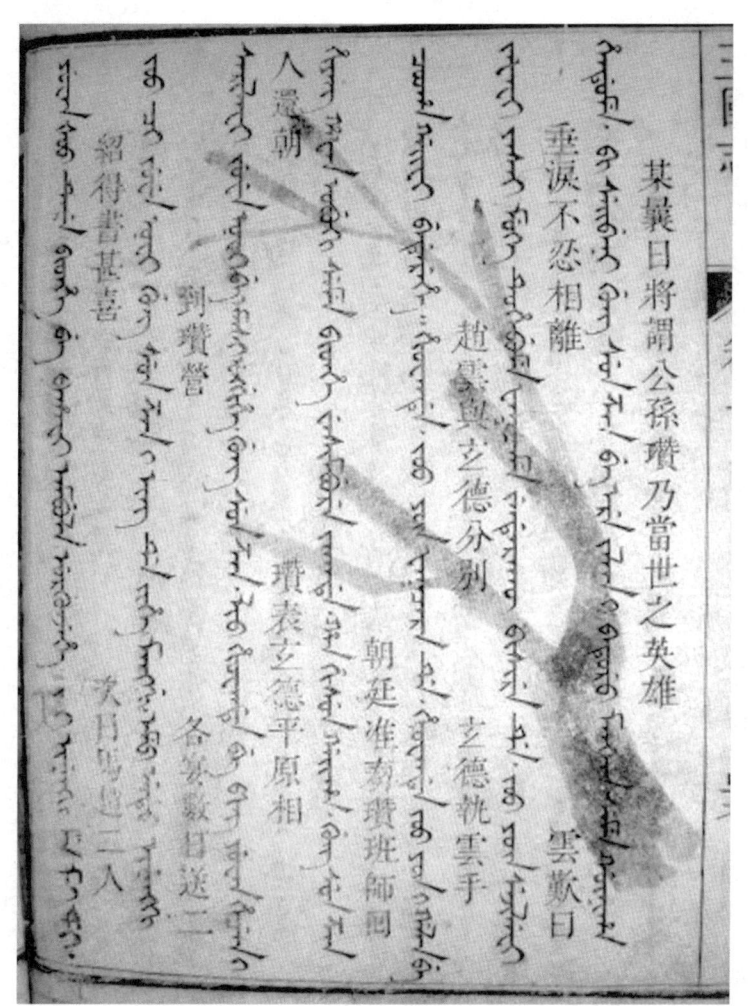

軍之咎　而亦贊之幸也

邊鄙　　　得與將軍其同此福　此誠將

同與共出時人以爲榮　　　　　　自省

相危害　　　　遇光武之寬親俱墮見

開雲見日何喜如之　昔賈復寇恂亦爭士卒欲

銜命求征宣揚朝恩　　　　　　示以和睦曠若

馬太傳趙太僕　以周召之德

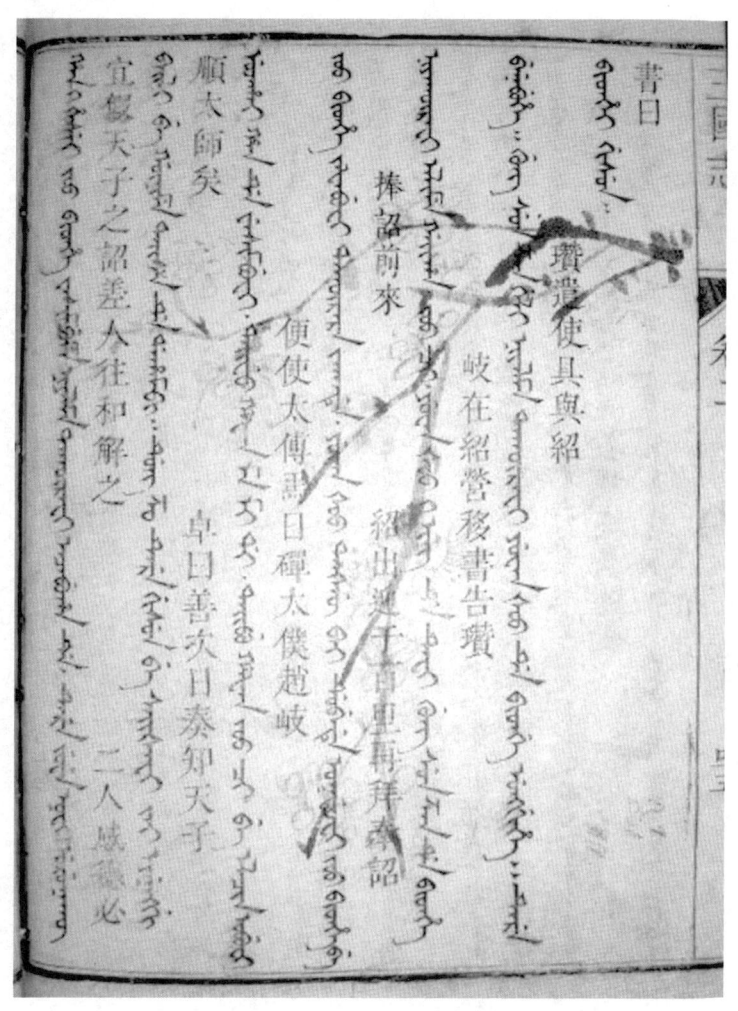

袁紹與公孫瓚乃當今之豪傑　見在磐河厮殺
出入乘金花皂蓋　　　　　　　李儒對卓曰
到長安　自稱太師位居諸侯之上
月餘有人來長安報說此事　　　董卓自
袁紹輸了一陣堅守不出
效與趙雲相見　玄德甚相敬愛便有不捨之心
瓚曰　若非玄德遠來救我幾乎狼狽
兩陣遂相拒　　　　　　　　　却說

公孫瓚敗住軍馬 歸寨玄德 施禮畢
紹衆將 死救袁紹過橋去了
孫堅跨江戰劉表
手中 刀墜于馬下 孫策忙挽急便逃回
飛奔前來 袁紹驚得魂飛天外
特來助戰 正逢袁紹
在平原探知公孫瓚 與袁紹相爭引兵

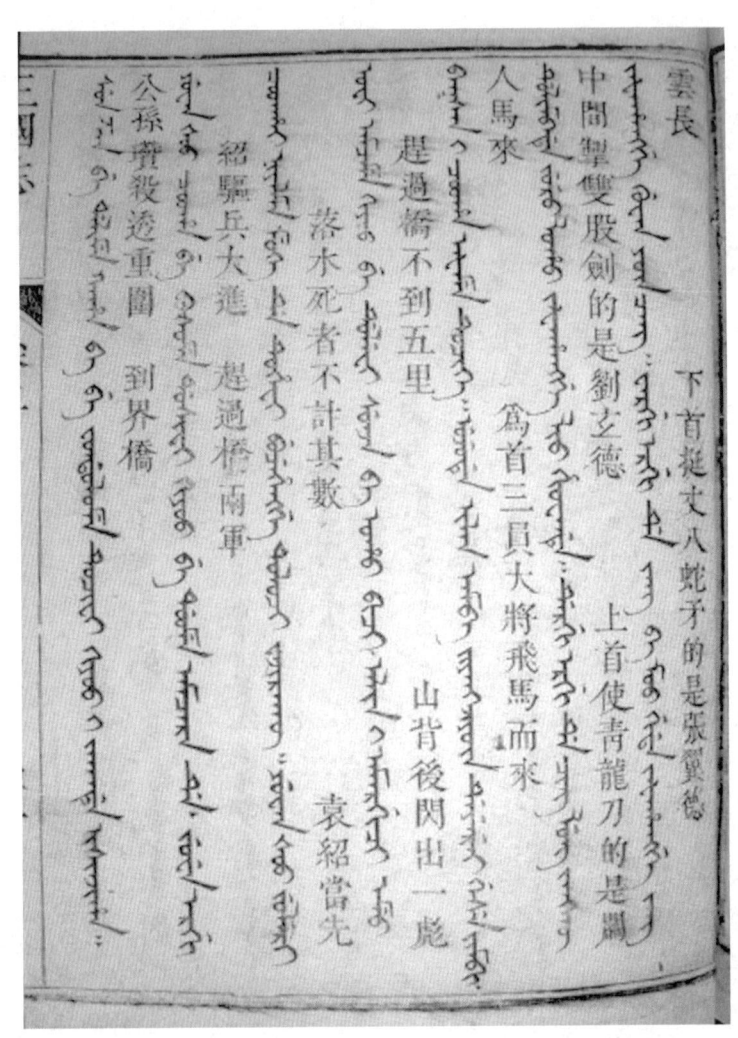

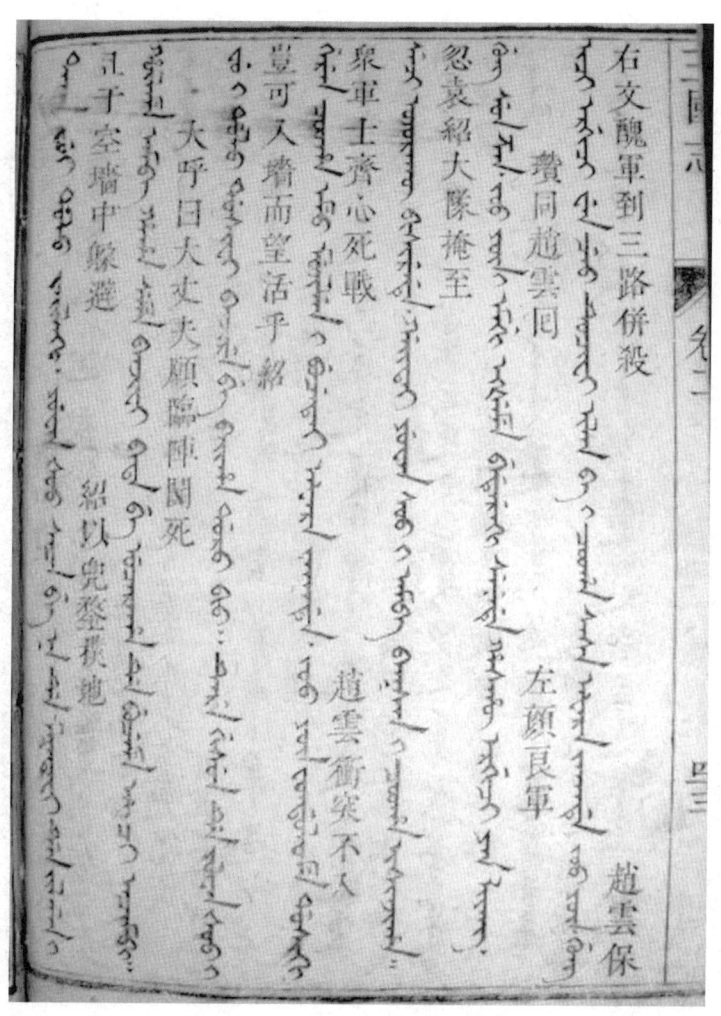

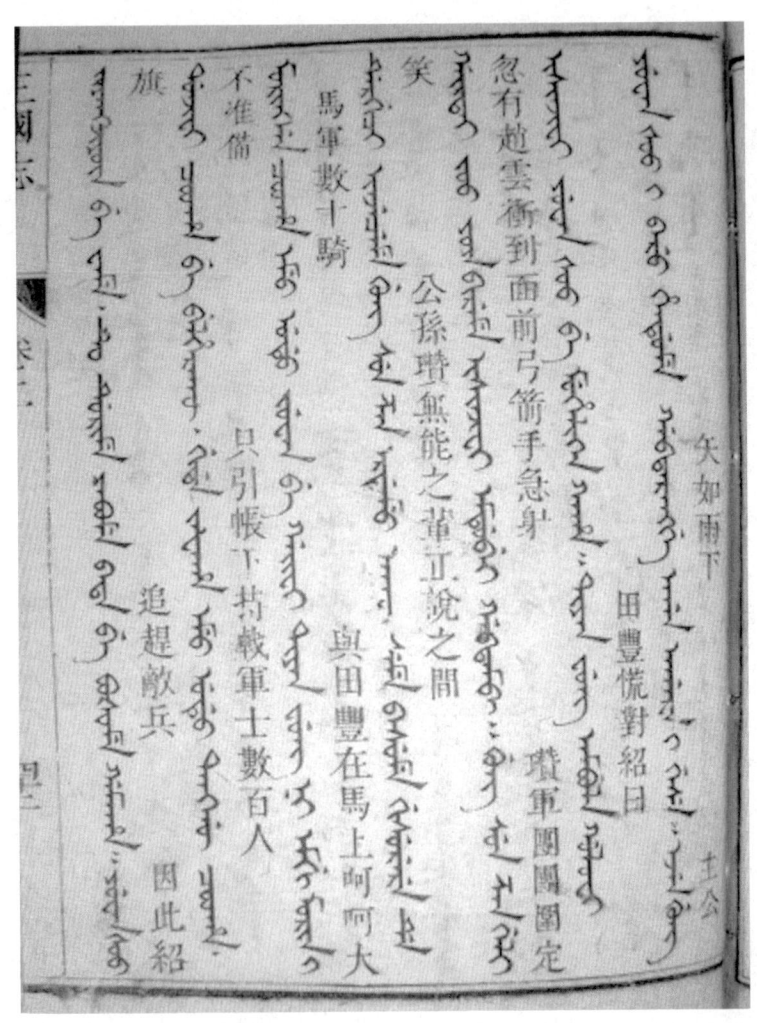

探馬　回報　吾將麴義斬將奪

紹軍東西亂竄　　　　先袁紹

紹軍大敗麴軍趕過去

　　　公孫瓚引軍殺回

　　左衝右突如入無人之境

　　　　　趙雲一騎馬飛入紹軍

叢住麴義厮到十餘合一鎗刺麴義于馬下

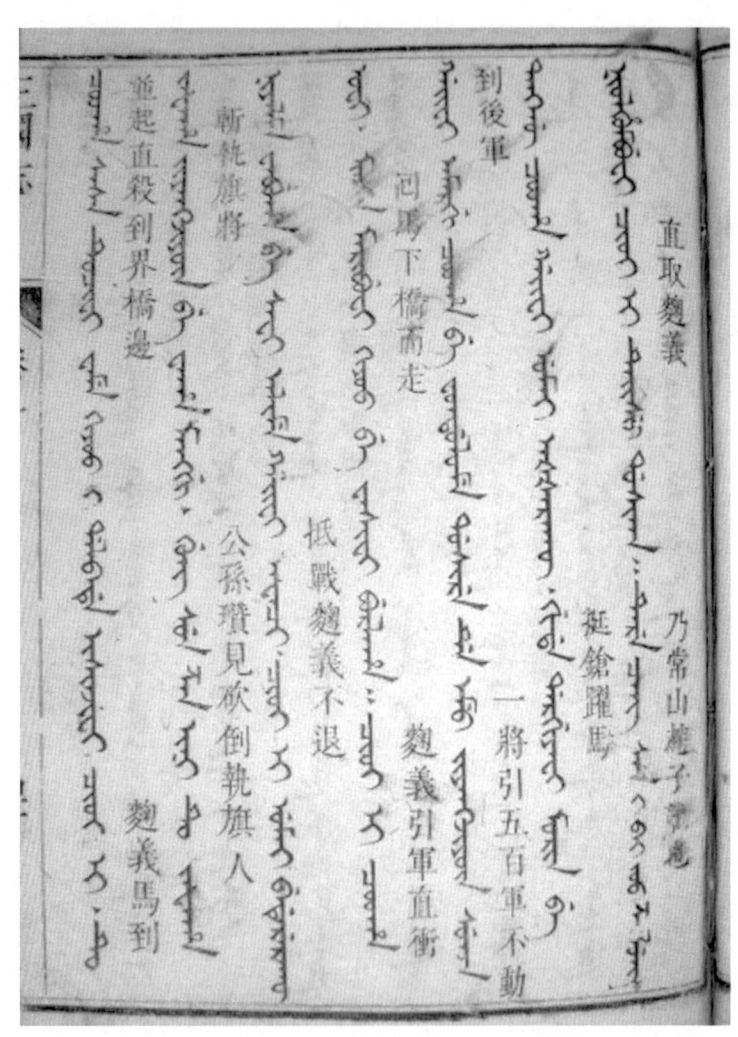

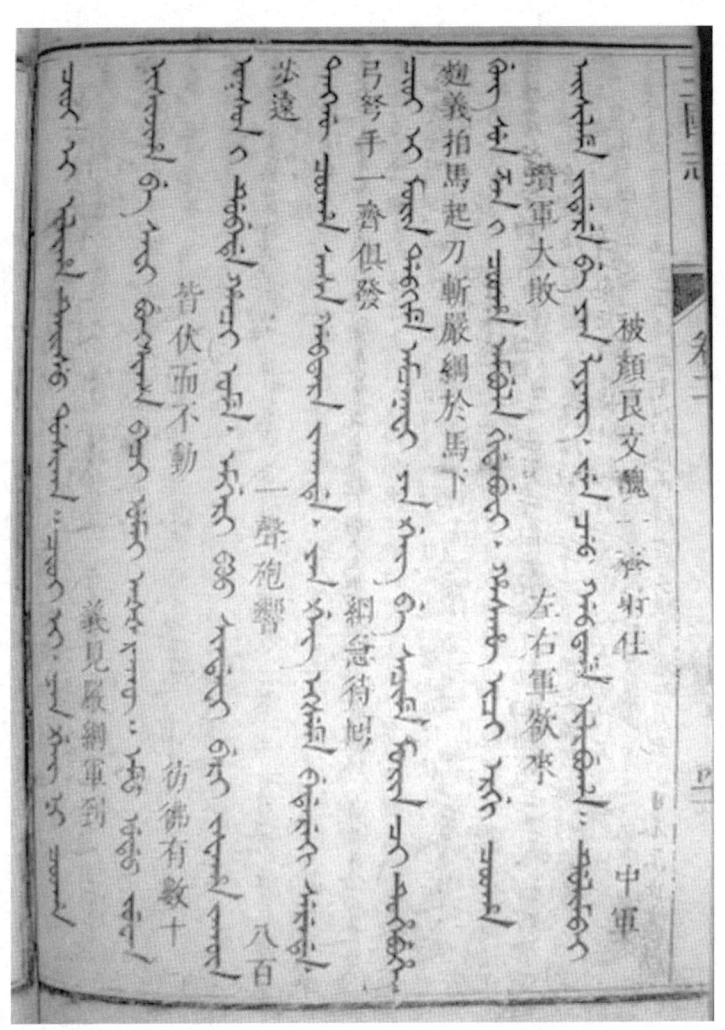

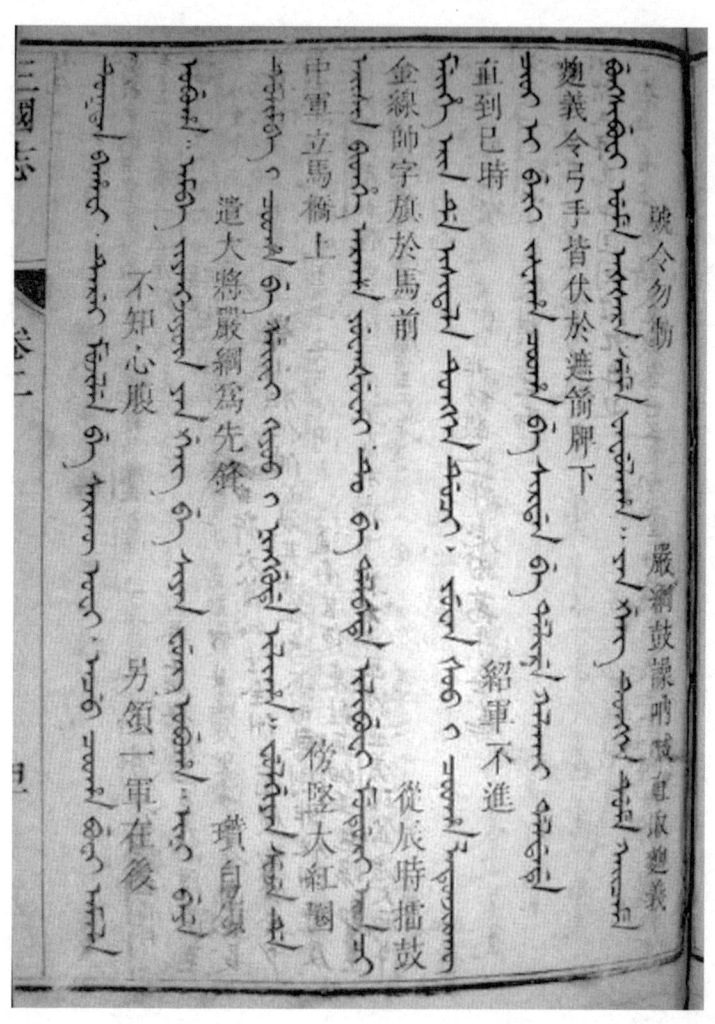

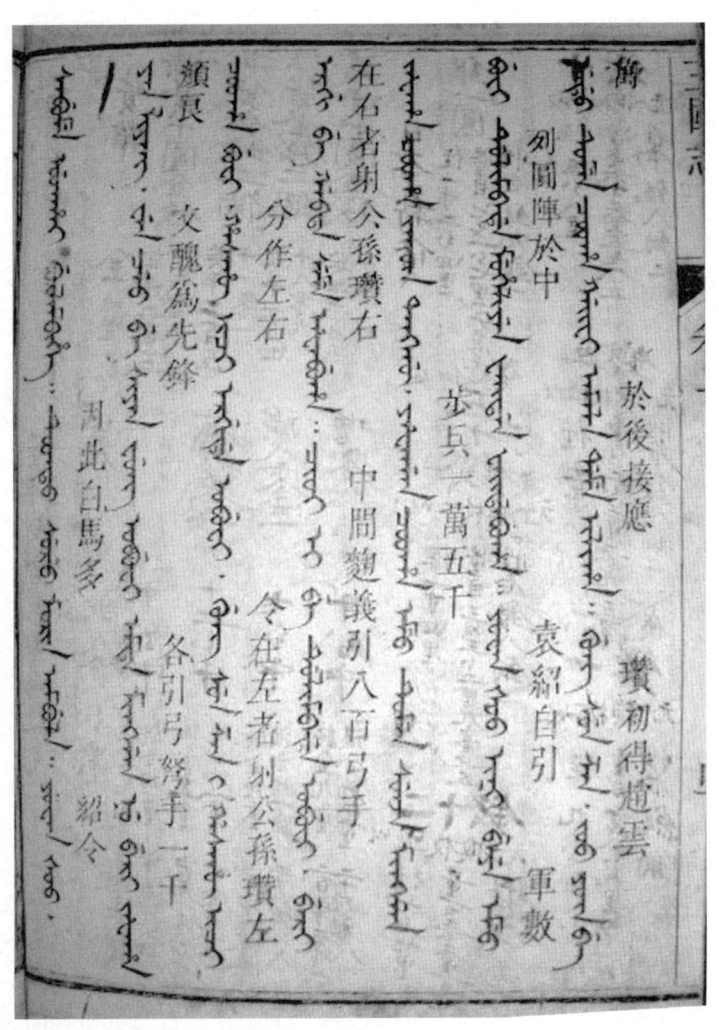

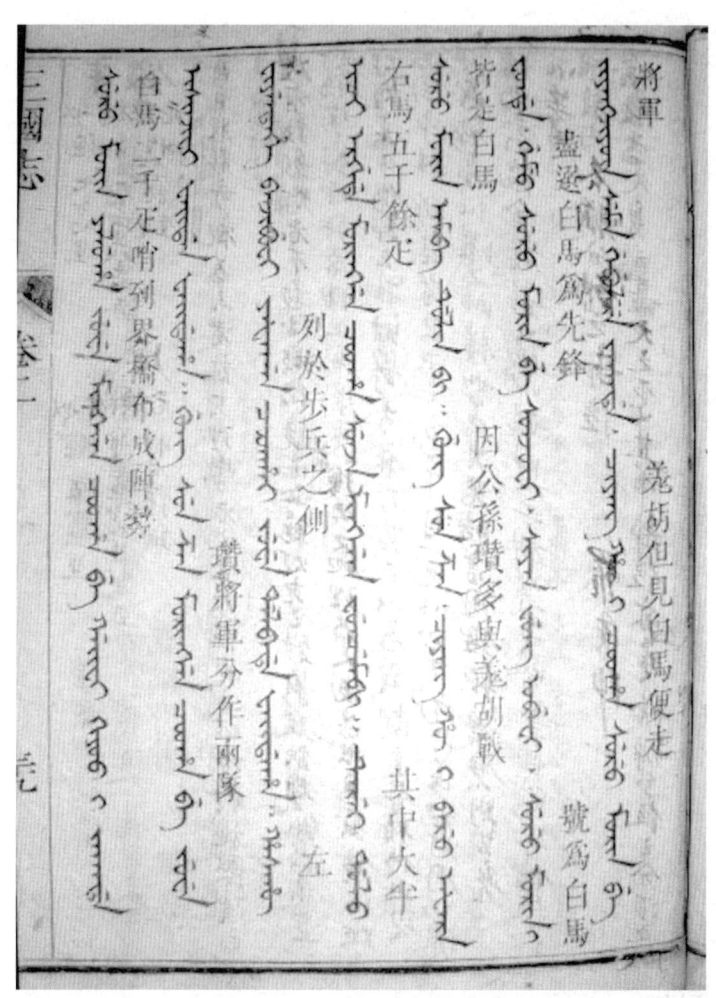

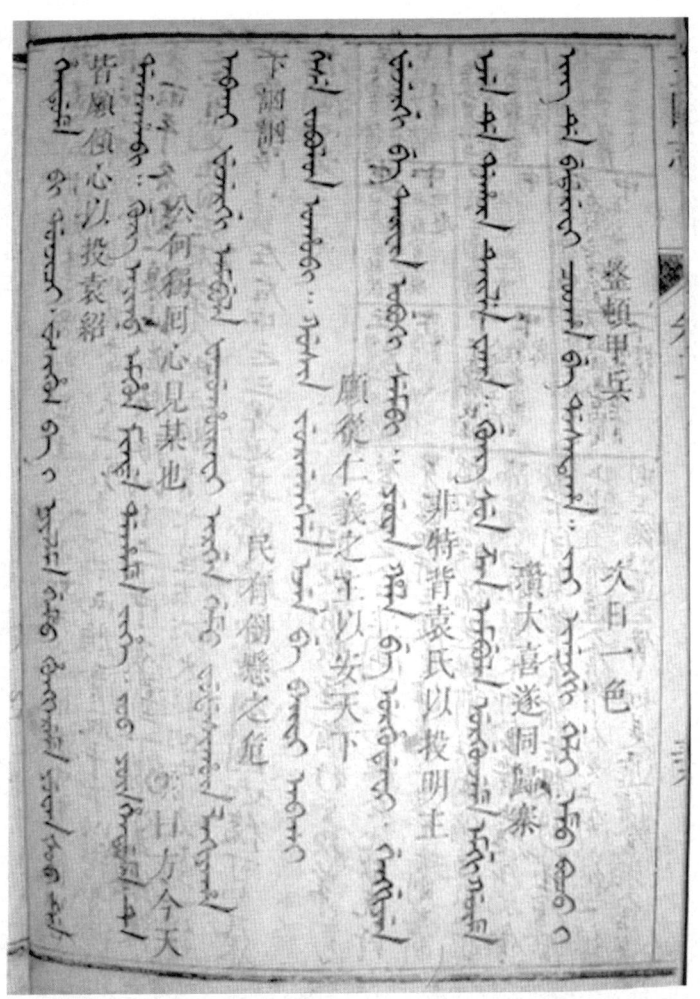

不期此處相見攢執雲手曰聞貴卻之人民之心待來相投紹轄下之人自何來救我一命今見袁紹無匡扶救雲曰某本袁紹帳下之人姓趙名雲字子龍雲曰將軍常山眞定人也常山今北京眞定府大眼濶面重頤相貌堂堂威風凜凜

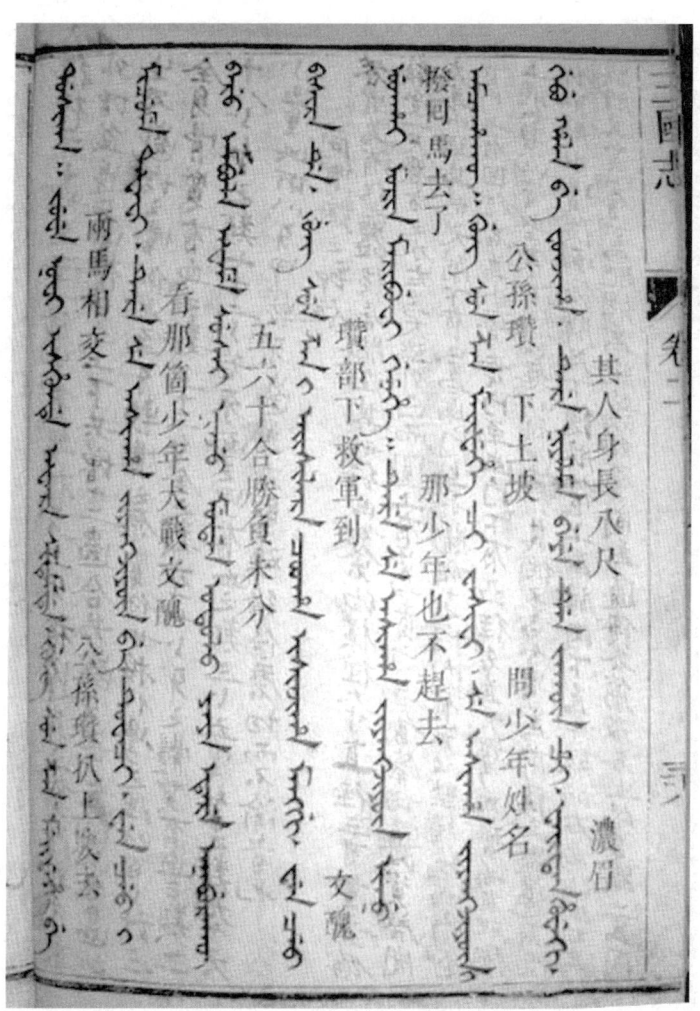

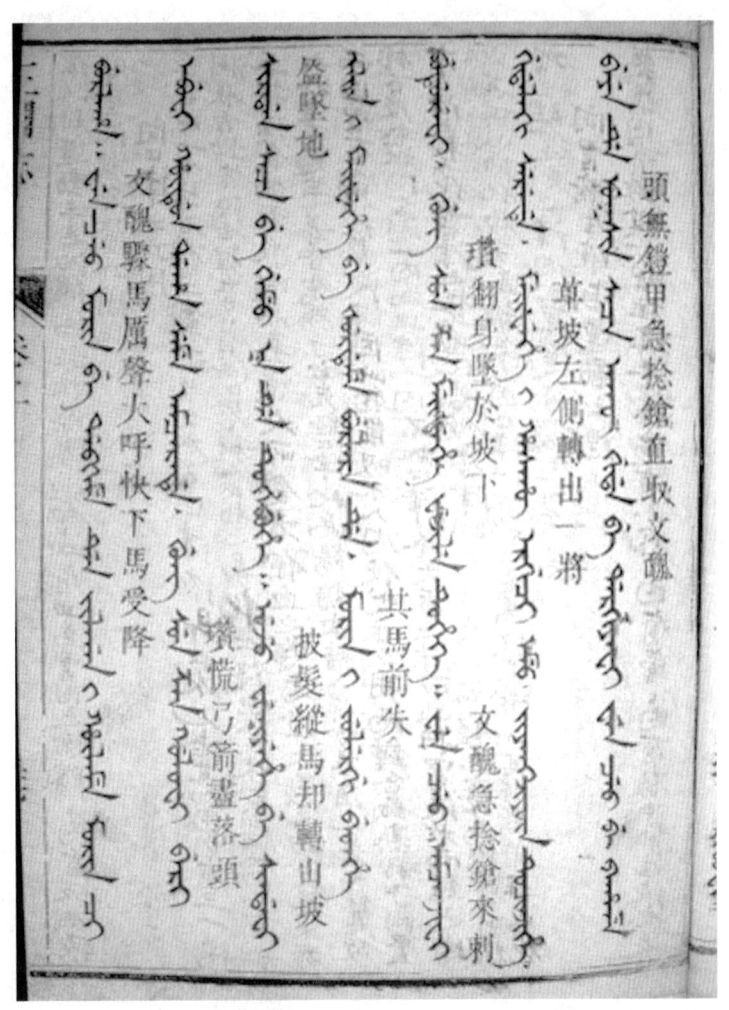

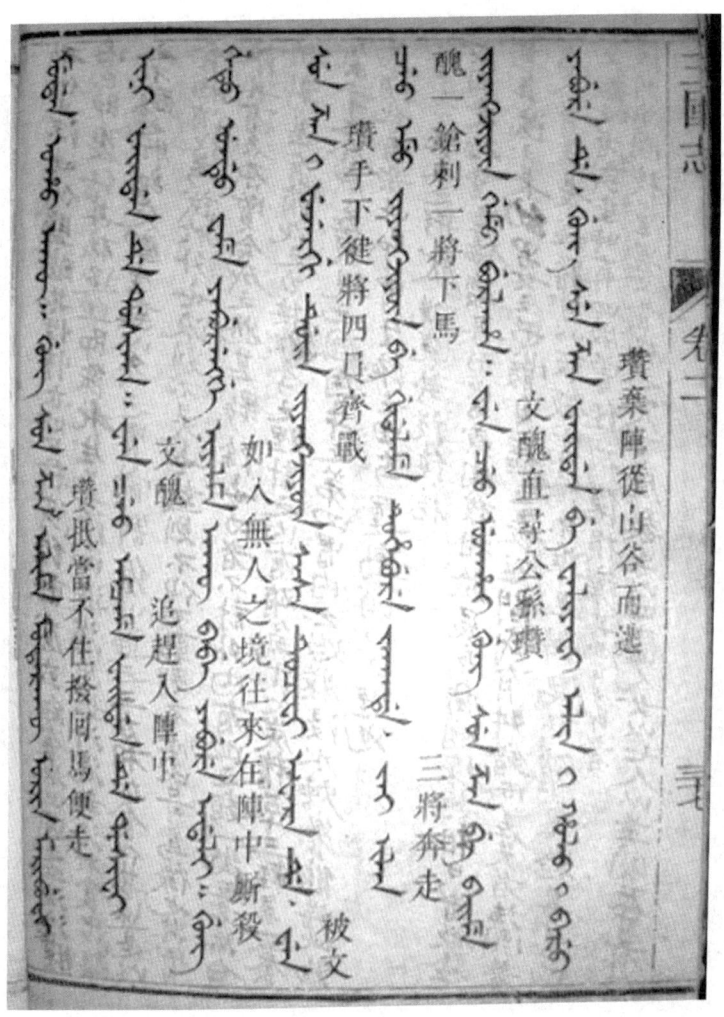

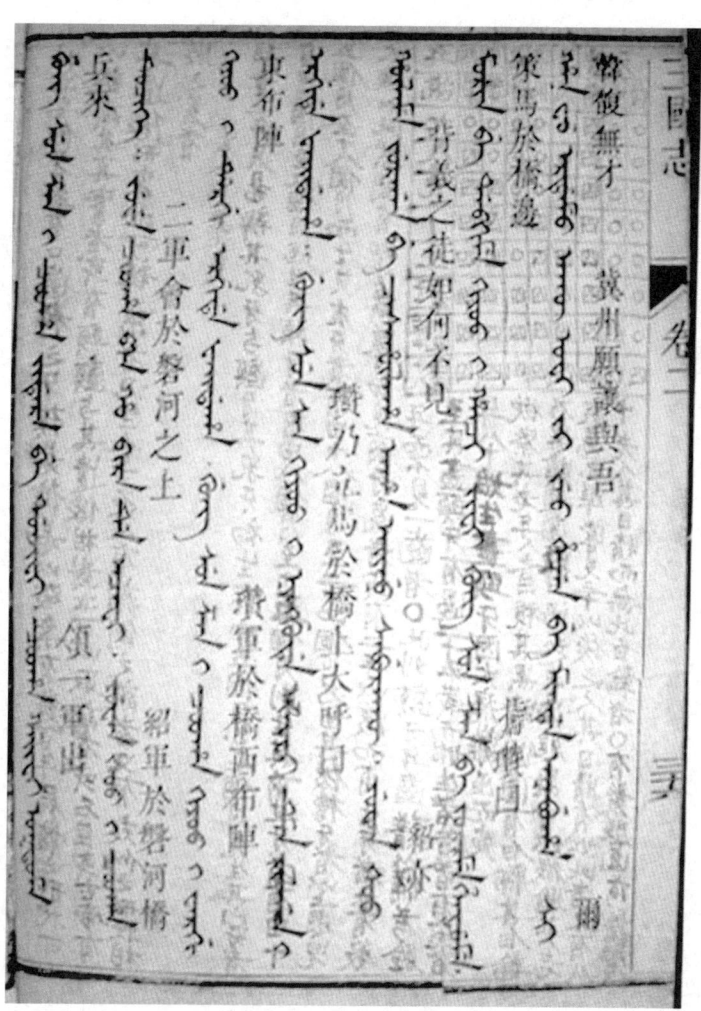

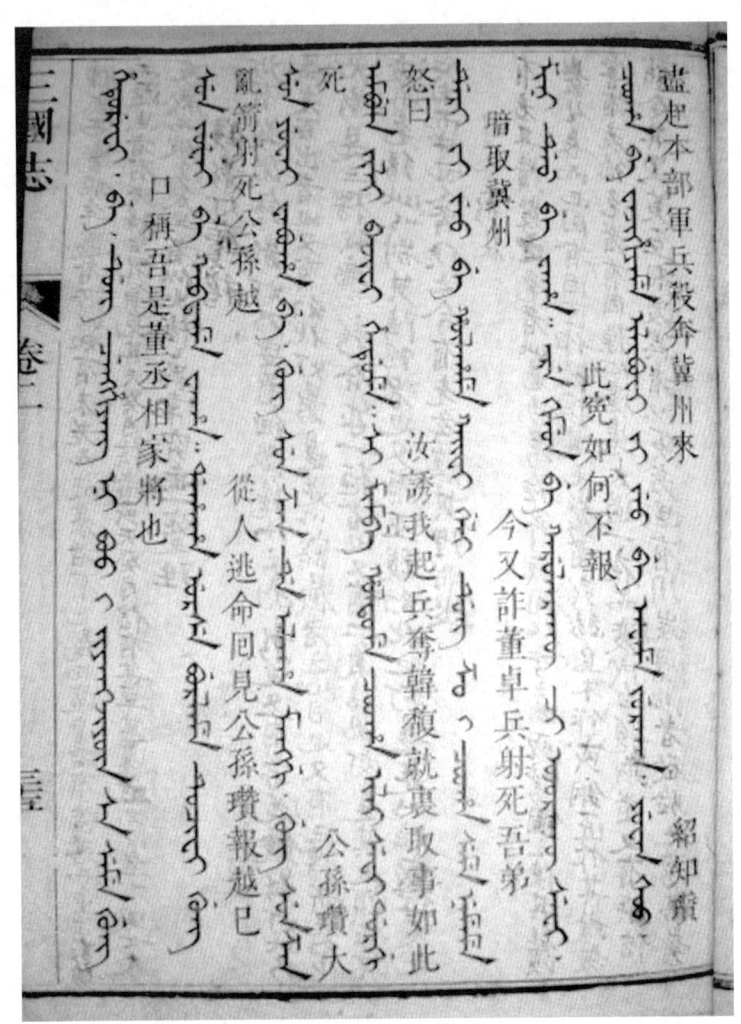

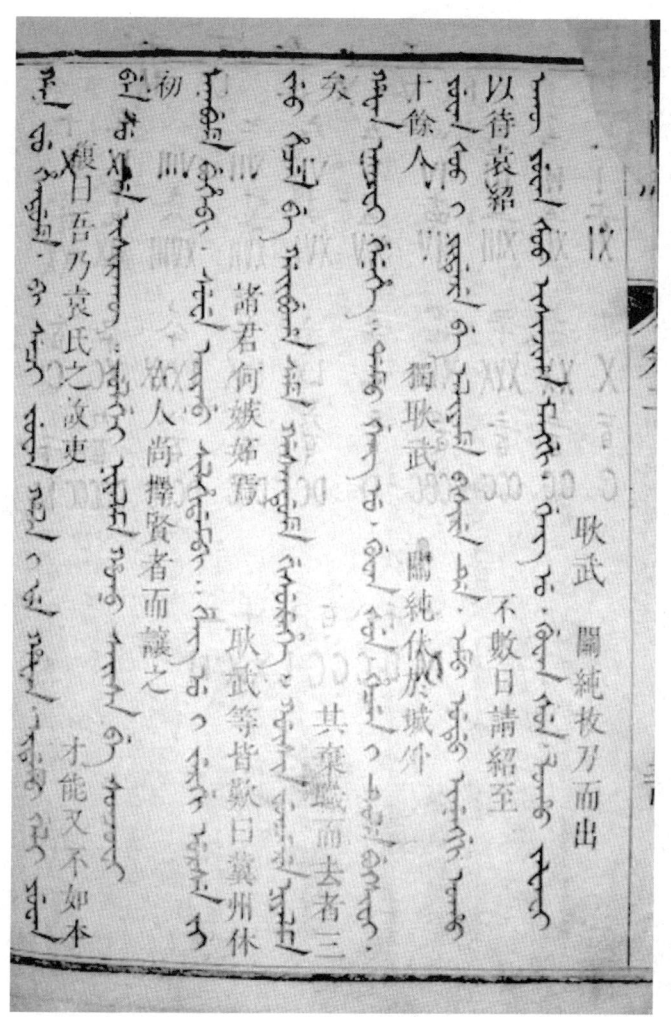

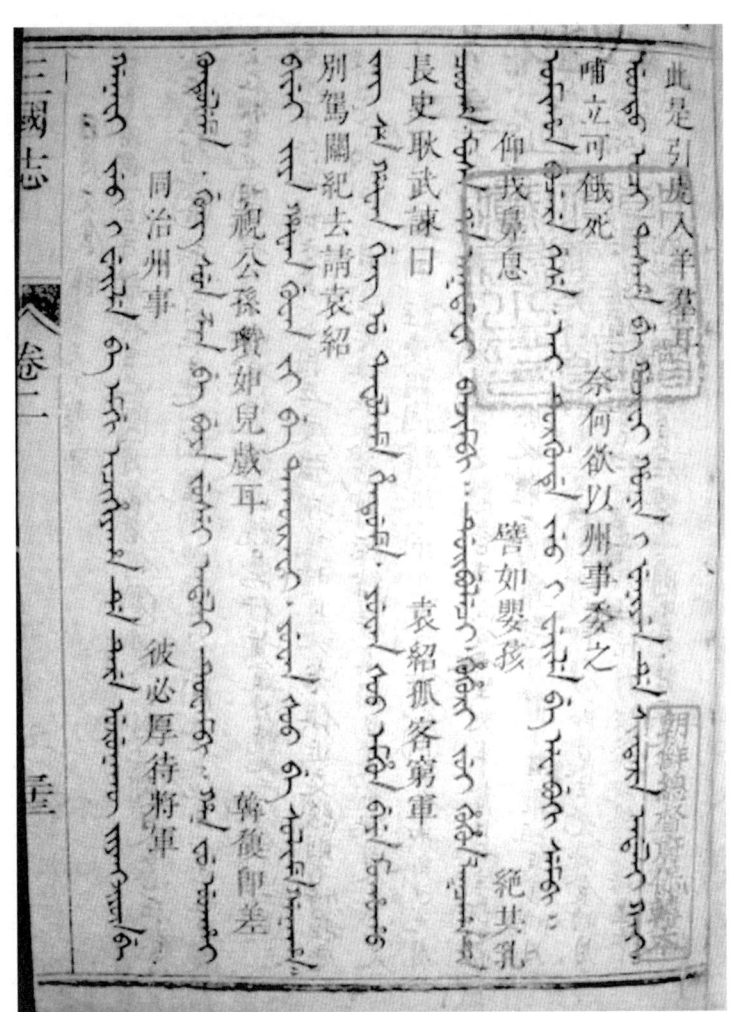

47-표지(안)

48-표지

송강호 宋康鎬

高麗大學校 中文科
高大 大學院 中文科
高麗大學校 哲學科
韓國學中央硏究院 韓國學大學院
高大 人文情報大學院 中國語飜譯學
高大 民族文化硏究院 中韓大辭典 編纂室
최근 淸史滿文史料硏究會에서
康熙朝 奏摺과 起居注 등
滿洲語 文獻을 번역하고 있다.

주요 논저 및 번역

『중국어성경과 번역의 역사』
「박태원『삼국지』의 판본과 번역 연구」
「『淸文啓蒙』의 滿洲式 漢語에 대한 考察」
「北京語의 滿洲語 基層硏究-청대 북경어의 언어접촉」
「북경어의 만주어 기층분석과 만한어의 융합법칙」 등

만한합벽삼국지

초판인쇄 2010년 4월 23일
초판발행 2010년 4월 30일

역주자 宋康鎬

발 행 처 도서출판 박문사
책임편집 이혜영
등록번호 제2009-11호

우편주소 서울시 도봉구 창동 624-1 현대홈시티 102-1206
대표전화 (02) 992 / 3253
팩시밀리 (02) 991 / 1285
전자우편 bakmunsa@hanmail.net
홈페이지 www.jncbms.co.kr

ⓒ 宋康鎬 2010 All rights reserved. Printed in KOREA

ISBN 978-89-94024-30-1 93810   정가 11,000원

* 이 책의 내용을 사전 허가 없이 전재하거나 복제할 경우 법적인 제재를 받게 됨을 알려드립니다.
** 잘못된 책은 구입하신 서점이나 본사에서 교환해 드립니다.